Wir freuen uns über deine Meinung zum Reiseführer und über Verbesserungs-
vorschläge! Schick uns eine E-Mail an: info@lonitzberg.at
Unter allen Einsendungen verlosen wir monatlich – unter Ausschluss des
Rechtswegs – ein Überraschungspäckchen.

Besuch uns auch im Internet: www.lonitzberg.at

Für Sophie und Leopold

5., überarbeitete und aktualisierte Auflage 2019
© Verlag Lonitzberg, Wien

Alle Rechte vorbehalten.

Text: Kristina Pongracz
Illustrationen: Janosch A. Slama
Gestaltung: Ursula Grande
Druck und Bindung: Prime Rate, Budapest

ISBN: 978-3-903289-01-7

Die Symbole bedeuten:

 Adresse
Vaporettostation
 Öffnungszeiten
€ Es ist Eintritt zu bezahlen. /Der Eintritt ist frei.
 Internet-Adresse (Italienisch, aber meistens gibt es auch eine englische Version)
 Telefonnummer
 zusätzliche Information

San Pantalon
il matirio
Enoteca Schiavi
→ Squero

Venedig
für dich!

Der Reiseführer
mit **Comics** und **Rätseln**

Name und Adresse deines Hotels:

Wenn du von Venedig nach Hause telefonieren willst, musst du zuerst die Vorwahl deines Landes wählen und dann die Telefonnummer ohne die erste 0.

Vorwahl: Deutschland: 0049, Österreich: 0043, Schweiz: 0041
                  Venedig aus dem Ausland: 0039-041
Notruf: 112

Entdeckst du die 10 Unterschiede?

Das Bild zeigt den **Markuslöwen** (→ S. 15) des berühmten Malers **Vittore Carpaccio**.

Inhaltsverzeichnis

Orientierungsplan 1
Willkommen in Venezia! 6
Wie findest du dich in Venedig zurecht? 7
Gondeln 8
Zeitreise: Vom Anfang bis heute 10
Der heilige Markus 14
Hausbau in Venedig 18
Venezianische Paläste 19
So viel zu sehen! 22

Canal Grande 23
Markusplatz 29
Markuskirche 32
Campanile 38
Piazzetta 39
Dogenpalast 40
Rialto 50
Arsenal 52
Ghetto 54
San Zaccaria, Palazzo Contarini del Bovolo 56
Campo San Stefano, Campo Santa Maria Formosa 57
Campo Santi Giovanni e Paolo 58
Santa Maria Gloriosa dei Frari 59
Campo Santa Margherita, Campo San Polo 60
Vier Parks und eine Brücke 61
Die Lagune von Venedig 62
San Michele 63
Murano 64
Burano 66
Lido 67

Dies und das 69
Feste in Venedig 70
Witze 72
Ein bisschen Italienisch 75
Venedig-Quiz 76
Lösungen 78
Register 82
Vaporettoplan 84

Willkommen in Venezia!

... so heißt Venedig nämlich auf Italienisch.
Venedig liegt im **Nordosten von Italien** und ist die **Hauptstadt der Provinz Venetien.**

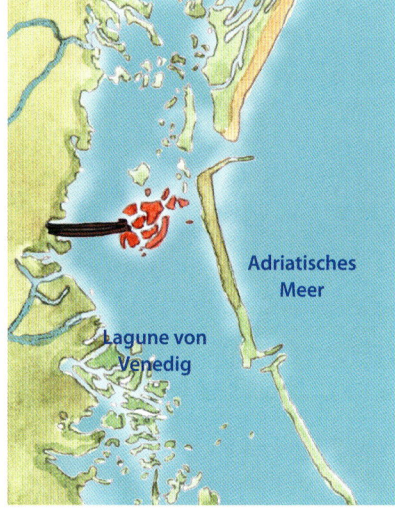

Venedig ist ganz anders als alle anderen Städte. Es ist eine Insel - und nicht nur eine: Venedig besteht aus **118 kleinen Inseln** und liegt in einer **Lagune.** (So nennt man eine Bucht, die durch lange schmale Inseln vom Meer abgetrennt ist.)
Eine lange **Brücke** verbindet Venedig mit dem Festland. Sie wurde im Jahr 1846 eröffnet – bis dahin konnte man Venedig nur mit dem Schiff erreichen.

Die Inseln, auf denen Venedig gebaut ist, sind von **177 Kanälen** umgeben. Und auf diesen Kanälen findet der ganze Verkehr statt, denn es gibt in Venedig zwar **viele Schiffe und Boote,** aber **keine Autos!** (Die einzige Ausnahme ist der Piazzale Roma, wo die Festland-Brücke endet.)
Damit man nicht schwimmen muss, um von einer Insel zur nächsten zu gelangen, gibt es **416 Brücken.**

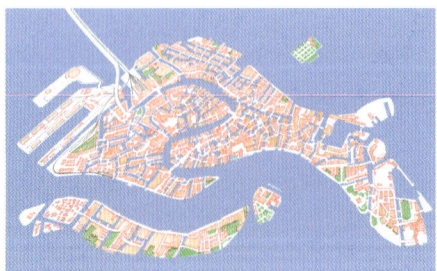

Wie findest du dich in Venedig zurecht?

Venedig besteht aus sechs Stadtteilen: **San Marco, Castello, Cannaregio, Santa Croce, San Polo und Dorsoduro** (mit der Insel **Giudecca**).

Obwohl Venedig nicht sehr groß ist, ist es manchmal schwierig, sich zurechtzufinden. Die Straßen sind oft verwinkelt oder Sackgassen, und einige Straßennamen gibt es mehrmals. Damit du trotzdem zum Ziel kommst, gibt es Wegweiser zu den wichtigsten Orten. (Und trotzdem wirst du dich sicher öfter verlaufen, denn das gehört in Venedig einfach dazu.)

Und was bedeutet?

CALLE: Straße
(**CALLE LARGA:** breite Straße)

SALIZADA: wichtige Straße

FONDAMENTA: Uferstraße

RAMO: Gasse

RUGA: wichtige Straße (meistens mit vielen Geschäften)

RIVA: breite Uferstraße

CANALE: großer Kanal

CAMPO: Platz

CORTE: Hof

RIO: kleiner Kanal

CAMPIELLO: kleiner Platz

SOTOPORTEGO: schmaler Durchgang unter einem Haus

RIO TERÀ: zugeschütteter Kanal (oft kannst du an der unterschiedlichen Pflasterung erkennen, wo der Kanal früher war)

Gondeln

Eine Gondel besteht aus 280 Teilen und aus acht verschiedenen Holzarten. Sie wird sieben Mal mit schwarzem Lack gestrichen.

Venedig ohne Gondeln – das kann sich wohl niemand vorstellen. **Die schmalen Boote sind perfekt für die engen und seichten Kanäle geeignet.** Es ist eine Kunst, sie zu lenken, und die Ausbildung zum Gondoliere dauert mehrere Jahre.

Früher war die Gondel das Haupttransportmittel in Venedig, und es gab circa 10.000 Gondeln. Heute gibt es nur noch 400, und sie werden vor allem von Touristen benutzt.

Es ist sehr kompliziert, eine Gondel zu bauen. Sie ist nämlich **ungleichmäßig gebaut, damit sie geradeaus fährt.** Das klingt komisch? – Ist aber so. Der Gondoliere steht immer links hinten auf der Gondel. Wenn sie ganz gleichmäßig gebaut wäre, würde sie durch sein Gewicht immer im Kreis fahren. Die Krümmung gleicht das aus.

Übrigens

Früher waren die Gondeln in verschiedenen Farben lackiert und prunkvoll verziert. Doch dann fand ein Doge (→ S. 10), dass das zu protzig war. Seitdem sind alle Gondeln schwarz.

Damit die Gondel nicht kippt, ist am Bug (also vorn) ein Eisen angebracht, das **Ferro.** Es hat sechs nach vorn gerichtete Zacken. Der Überlieferung nach steht jeder Zacken für einen der sechs Stadtteile Venedigs. Und der Zacken, der nach hinten zeigt, soll die Insel Giudecca darstellen.

Übrigens

Weil die Herstellung einer Gondel so aufwendig ist, kostet sie circa **25.000 Euro!**

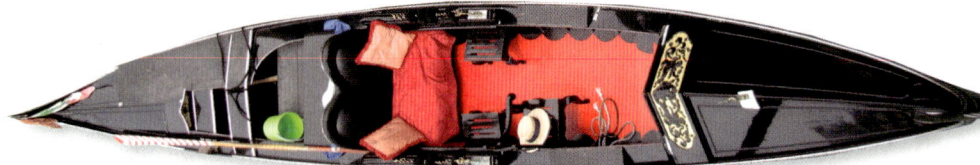

Siehst du die leichte Krümmung?

Gondeln

Am **Rio di San Trovaso** im Stadtteil Dorsoduro befindet sich **eine der fünf Gondelwerften,** die es in Venedig heute noch gibt.
Du kannst sie zwar nicht besichtigen, aber von der Fondamenta Nani auf der anderen Seite des Kanals siehst du gut hin.

Hilf dem Gondoliere, den Weg zum Palazzo zu finden.

Gondelfahren ist sehr teuer. Wenn du aber das Gefühl einer Gondelfahrt erleben möchtest, dann nimm doch einfach das **Traghetto!** Traghetti sind etwas größere Gondeln mit zwei Ruderern. Sie fahren an drei Stellen über den Canal Grande (→ Orientierungsplan), immer hin und her. Eine Fahrt kostet zwei Euro.

Statt Autobus oder Straßenbahn gibt es in Venedig das **Vaporetto.**

Zeitreise: Vom Anfang bis heute

Auf der Flucht

Während der Völkerwanderung im 5. Jahrhundert zogen die Westgoten, später die Hunnen und Langobarden durch Italien und verwüsteten das Land. Die **Bewohner Venetiens flüchteten auf die Inseln an der Küste.** Hier waren sie geschützt, denn das Meer ist an vielen Stellen so seicht, dass die Schiffe der Feinde, die sich nicht auskannten, auf Grund liefen.

Die Venezianer entwickelten einen speziellen Bootstyp für das seichte Wasser: die **Gondel.**

Sie **schütteten die Inseln auf** und vergrößerten sie so. Zwischen den Inseln verliefen **Kanäle.**

Die Venezianer lebten vom **Fischfang** und vom **Handel mit Salz.**

Byzanz und der Doge

Venedig gehörte zum Byzantinischen Reich (benannt nach dessen Hauptstadt **Byzanz,** die im Jahr 337 in **Konstantinopel** umbenannt wurde und heute **Istanbul** heißt). Venedig hatte aber seine eigene Regierung und wurde im Lauf der Zeit **immer unabhängiger** von Byzanz.

Das Oberhaupt von Venedig war der **Doge** (das spricht man „Doosche" aus). Er wurde von den venezianischen Adeligen gewählt. Zu Beginn war er sehr mächtig, doch im Lauf der Jahrhunderte wurde seine Macht immer mehr eingeschränkt. Alle wichtigen Entscheidungen traf dann der **Große Rat,** in dem die adeligen Familien von Venedig versammelt waren.

Damit sich der Doge nicht zu sehr in die Politik einmischen konnte, wurde er ständig kontrolliert: Er durfte keine Gesandten allein empfangen, keine Briefe aus dem Ausland öffnen und auch keine dorthin schreiben. Außerhalb des Dogenpalastes durfte er nur in Begleitung unterwegs sein. Und wenn er die Stadt verlassen wollte, musste er um Erlaubnis bitten.

421
Der Sage nach wird Venedig in diesem Jahr gegründet.

697
Der erste Doge wird ernannt.

828
Der Leichnam des heiligen Markus kommt nach Venedig. Für ihn wird die Markuskirche gebaut.

Zeitreise

Der Handel wird wichtiger

Venedig perfektionierte den Schiffsbau. Die Schiffe wurden im **Arsenal** gebaut, das die **größte Schiffswerft auf der ganzen Welt** wurde.

Die Venezianer trieben **Handel mit Afrika und Asien.** Von dort brachten sie Seide, Schmuck und Gewürze und verkauften diese Waren in Europa weiter.

Der berühmteste Kaufmann von Venedig war **Marco Polo.** Er kam auf seinen Reisen bis nach China. Von dort brachte er kostbare Edelsteine und Kunstschätze mit. Später schrieb er seine Reise-Erlebnisse auf. Weil er darin von Millionen Goldstücken, Millionen Edelsteinen, Millionen Einwohnern usw. erzählte, erhielten sie den Beinamen „Il Milione" und wurden zu einem der bekanntesten Bücher des Mittelalters.

… und wichtiger

Die Venezianer handelten nicht nur, sie **eroberten auch viele Gebiete im Mittelmeer.**

Im Jahr **1204 eroberte Venedig sogar Konstantinopel.** Die Venezianer plünderten die Stadt und brachten wertvolle Kriegsbeute nach Hause.

Venedig wurde die **wichtigste Handelsmacht in Europa** und dadurch sehr reich.

Von überall her kamen Künstler in die Stadt. Sie bauten und schmückten viele Paläste und Kirchen.

Übrigens

Die beiden Höfe, in denen die Familie Polo wohnte, heißen noch heute „Corte del Milion" (→ Orientierungsplan).

1104
Das Arsenal wird gegründet.

1204
Venedig erobert Konstantinopel und wird zur wichtigsten Handelsmacht in Europa.

1271–1295
Marco Polos Reise nach China

Zeitreise

Ab jetzt geht's bergab

1453 eroberten die Türken Konstantinopel, und in den kommenden Jahren **verlor Venedig** auch viele andere **Gebiete an die Türken.**

1492 wurde Amerika entdeckt und kurz darauf der Seeweg über den Atlantischen Ozean nach Indien. Durch diese neuen Schiffswege verlor das Mittelmeer an Bedeutung für den Handel. Damit **verlor** auch **Venedig seine Stellung als wichtigste Handelsmacht in Europa.**

In Venedig wohnten zu viele Menschen. Die hygienischen Zustände waren sehr schlecht. Viele Krankheiten konnten sich so leicht ausbreiten, und auch die **Pest** wütete mehrmals in der Stadt.

Während das Leben für die vielen armen Venezianer sehr beschwerlich war, lebten die reichen Familien im Luxus. Sie feierten rauschende Feste, für die Venedig im Ausland berühmt war.

Das Ende der Unabhängigkeit

1797 eroberte der französische Herrscher **Napoleon Venedig.** Viele Kunstschätze wurden als Kriegsbeute nach Frankreich gebracht.

Der Doge musste abdanken. Venedig war kein eigener Staat mehr und wurde von Napoleon an Österreich weitergegeben.

Die Venezianer waren mit der österreichischen Herrschaft nicht zufrieden. Sie wollten zu Italien gehören und machten Aufstände gegen Österreich.

1866 hatten sie es geschafft: Österreich übergab **Venedig an Italien.**

1453
Die Türken erobern Konstantinopel, später auch andere venezianische Gebiete.

1797
Napoleon erobert Venedig
→ Ende der Republik Venedig
→ Venedig kommt zu Österreich.

1846
Bau einer Eisenbahnbrücke zum Festland

Zeitreise

Venedig heute

Heute ist Venedig eine sehr beliebte **Touristenstadt.** Das bringt Geld – aber auch Probleme: Die Stadt ist nicht für so viele Menschen gebaut, und so drängen sich die Mengen durch die engen Gassen.

Für die Venezianer ist das Leben inmitten der Touristenscharen mühsam. Viele „normale" Geschäfte geben auf, stattdessen kommen Souvenirläden und Imbisstuben. Außerdem sind die Wohnungsmieten durch den Tourismus sehr hoch. Die meisten jungen Venezianer ziehen deshalb aufs Festland, wo die Wohnungen viel günstiger sind.
So wird die **Bevölkerung Venedigs immer weniger.** Heute leben **nur noch 53.000 Venezianer** in der Stadt, davon sind ungefähr 7.500 Kinder und Jugendliche.

Touristen gibt es viel, viel mehr: etwa **22 Millionen im Jahr** – und du bist einer von ihnen!

Hochwasser

Das größte Problem, das Venedig heute hat, ist das **Hochwasser** („acqua alta" – das spricht man „akwa alta" aus). Dazu kommt es, wenn starker Wind das Meerwasser während der Flut in die Lagune bläst. Am häufigsten gibt es Hochwasser zwischen Oktober und April. Zuerst wird das Gebiet um den Markusplatz überflutet, weil es am tiefsten liegt. Deshalb sind dort – und an anderen gefährdeten Stellen – meist Gestelle gestapelt, die man bei Bedarf als Stege aufstellen kann.

Manchmal steigt das Wasser so hoch, dass die Wohnungen im Erdgeschoss überflutet werden. **Die höchste Überschwemmung erlebte Venedig im Jahr 1966.**

In den letzten Jahren gibt es immer öfter Hochwasser. Um Venedig davor zu schützen, wurde vor ein paar Jahren mit dem Bau von **„MOSE"** begonnen: Das sind Schleusentore vor der Stadt, die man schließen kann, wenn das Wasser zu hoch steigt. Viele Venezianer glauben aber, dass MOSE nicht viel nützen wird.

1866
Venedig wird Teil von Italien.

1966
Bisher höchstes Hochwasser

2004
Die Bauarbeiten für die Schleusentore beginnen.

Der heilige Markus

Viele Städte verehren einen Heiligen, der sie vor Unglück beschützen soll. Auch Venedig hat einen Schutzheiligen. Zuerst verehrten die Venezianer den heiligen Theodor. Doch dann bekamen sie einen neuen Schutzpatron, und das kam so:

Der heilige Markus

Übrigens

Der heilige Markus schrieb die Lebensgeschichte von Jesus auf, das sogenannte **Markus-Evangelium.** Deshalb nennt man Markus auch einen Evangelisten. Auf Bildern wird er oft mit einem Buch dargestellt: dem Evangelium.

Das Symbol des heiligen Markus ist ein geflügelter Löwe, und deshalb sieht man Markus auf Bildern oft mit diesem **Markuslöwen.** Der Löwe hält mit seiner Tatze ein aufgeschlagenes Buch, das soll das Markus-Evangelium sein. Und wenn du genau hinsiehst, kannst du darin die Begrüßungsworte des Engels lesen: „PAX TIBI, MARCE, EVANGELISTA MEUS".

Eine Legende erzählt, dass der heilige Markus auf einer seiner Reisen nach Venedig kam (damals wohnte aber noch niemand dort). Im Traum erschien ihm ein Engel, der ihn mit den Worten: **„Pax tibi, Marce, evangelista meus"** begrüßte. Das ist Latein und bedeutet: „Friede sei mit dir, Markus, mein Evangelist."
Der Engel sagte Markus, dass er hier einmal begraben sein würde.

Jetzt weißt du, warum es in Venedig, der Stadt des heiligen Markus, so viele Löwen gibt.

Und nicht nur in Venedig, sondern auch in den Gebieten, die die Venezianer eroberten, stellten sie **Markuslöwen als Zeichen ihrer Herrschaft** auf.

Findest du die 10 Unterschiede?

Der heilige Markus

Jacopo Tintoretto: Die Entführung des Leichnams des heiligen Markus

Das Bild zeigt, wie die venezianischen Kaufleute den Leichnam des heiligen Markus stehlen.

Dieses Ereignis wurde später mit vielen Legenden ausgeschmückt:
So wird berichtet, dass der Leichnam verbrannt werden sollte: Im Hintergrund siehst du den dafür vorbereiteten Scheiterhaufen.
Nach dieser Legende wären die Venezianer also nicht Markus' Entführer, sondern seine „Retter", weil sie ihn vor diesem Schicksal bewahrten. – So einfach wird aus einem Diebstahl eine gute Tat!

Außerdem siehst du, wie die Leute vor einem Gewitter fliehen: Der Himmel ist dunkel und Blitze sind zu sehen.
Dieses Unwetter soll – kannst du es dir denken? – der heilige Markus selbst geschickt haben, damit die Venezianer ihn ungestört „retten" konnten.

Entdeckst du die Bildausschnitte?

Gallerie dell'Accademia
- Campo della Carità (Dorsoduro)
- Accademia
- Mo 8.15–14.00 Uhr (letzter Einlass 13.00 Uhr)
- Di–So 8.15–19.15 Uhr (letzter Einlass 18.15 Uhr)
- € Eintritt
- www.gallerieaccademia.it
- 0039 041 52 00 345

Das Bild findest du im **Accademia-Museum,** Saa

Der heilige Markus

Hausbau in Venedig

Die Inseln in der Lagune von Venedig sind **sehr sumpfig.**

Wie gelang es den Venezianern, darauf ihre großartigen Paläste zu bauen? Der Boden müsste doch nachgeben und die Häuser darin versinken oder zumindest kippen?
Die Lösung ist genial: **Man rammte lange Baumstämme durch den Schlamm in den festen Boden darunter,** einen Stamm dicht neben den anderen. Auf die Baumpfähle wurden Fundamente aus Stein gebaut, und darauf konnte man dann die Gebäude errichten.

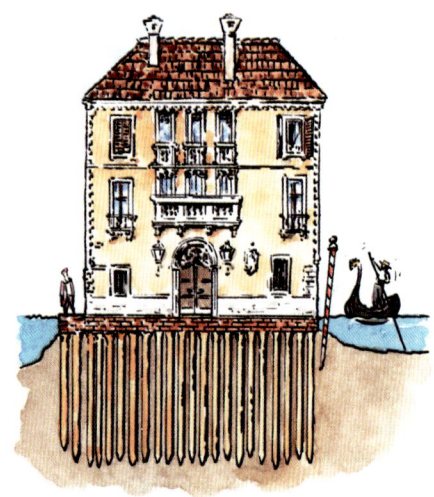

Da kein Sauerstoff an die Baumstämme kommt, verfaulen sie auch nicht.
Die meisten Gebäude in Venedig stehen schon seit vielen hundert Jahren!

Übrigens
Für Venedigs Paläste wurden ganze Wälder abgeholzt: Allein die Kirche Santa Maria della Salute steht auf einer Million Baumstämmen!

Links sind Arbeiter in früheren Zeiten beim Einrammen von Pfählen dargestellt, und rechts siehst du, wie das heute mit Maschinen passiert.

Venezianische Paläste

Die meisten venezianischen Paläste sind vom Aufbau ähnlich, egal aus welcher Zeit sie stammen:

Die **Paläste sind zum Kanal hin ausgerichtet,** denn man kam mit der Gondel und betrat das Haus über die Stufen, die direkt im Wasser beginnen. Deshalb ist die Fassade an der Kanalseite am schönsten verziert, die anderen Seiten sind meist einfacher gestaltet.

Da viele reiche Familien Kaufleute waren, verwendeten sie ihre **Paläste auch als Geschäft.**

Meistens haben die Paläste **drei Stockwerke und ein Dachgeschoss.**

Im Erdgeschoss waren das Geschäft und die Lagerräume. Die Waren wurden von den Schiffen durch das große Eingangstor ins Warenlager gebracht.

Wenn es zwischen Erdgeschoss und erstem Stock ein niedrigeres Zwischengeschoss gibt, dann waren hier auch Geschäftsräume untergebracht.

Die Räume im ersten Stock waren prunkvoll ausgestattet, denn hier wurden Gäste empfangen und Feste veranstaltet.

Im zweiten Stock wohnte die Familie, und unter dem Dach befanden sich die Zimmer für die Dienstboten.

Findest du den Palast, der nur einmal abgebildet ist?

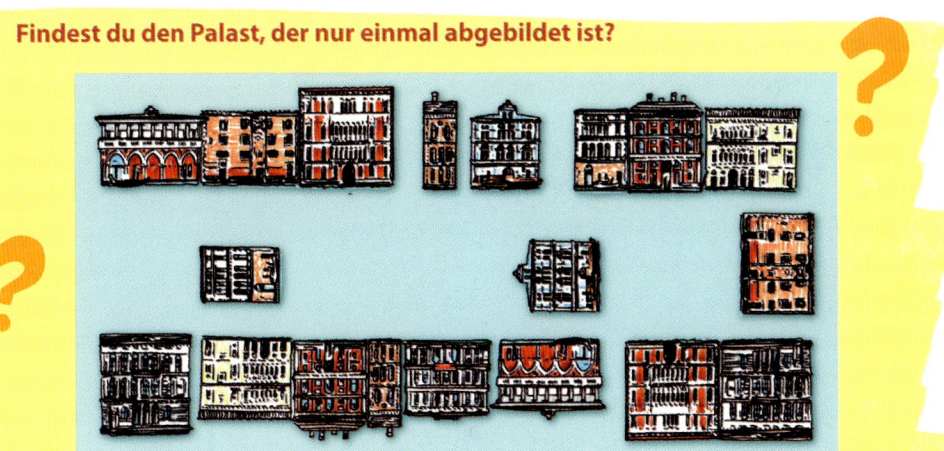

Venezianische Paläste

Venezianisch-Byzantinischer Stil
13. Jahrhundert

Die ältesten Paläste in Venedig sind in diesem Stil gebaut.
Venedig hatte ja engen Kontakt zu Byzanz (→ S. 10), und so wurde auch die venezianische Kunst von Byzanz beeinflusst. Paläste aus dieser Zeit haben im **Erdgeschoss** eine **offene Vorhalle, die von einer Säulenreihe mit Rundbögen begrenzt ist.** Hier konnten die Waren ausgeladen und gelagert werden. Auch die **Fenster im ersten Stock** sind in einer **Säulenreihe mit Rundbögen** angeordnet.

Gotik
14. bis Mitte 15. Jahrhundert

Aus der venezianisch-byzantinischen Kunst entwickelte sich die Gotik. Die Säulenhalle im Erdgeschoss wurde nun durch ein bis zwei Eingangstore ersetzt. Auch im ersten Stock gibt es keine durchgehende Fensterreihe mehr. Gotische Paläste erkennst du an den **spitz zulaufenden Bögen** und an den **Verzierungen über den Fenstern,** die die Form von vierblättrigen Kleeblättern haben.

Die meisten Paläste in Venedig stammen aus dieser Zeit.

dieser Fensterschmuck ist typisch für die Gotik →

Spitzbögen →

Säulen mit Rundbögen →

Säulen mit Rundbögen →

offene Vorhalle →

Eingangstor mit Spitzbogen →

Handelshaus der türkischen Kaufleute (Canal Grande)

Palazzo Pisani Moretta (Canal Grande)

> **Übrigens**
> Auch die Markuskirche stammt aus dieser Zeit: Sie wurde nach dem Vorbild einer Kirche in Byzanz gebaut.

Venezianische Paläste

Renaissance
15. und 16. Jahrhundert

Auf die Gotik folgte die Renaissance. Das ist Französisch und bedeutet „Wiedergeburt", denn die Vorbilder für diese Zeit waren griechische und römische Bauten. Deshalb wurden aus den Spitzbögen der Gotik nun wieder **runde Bögen.**

Rundbogen →

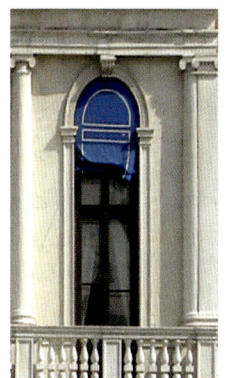

Barock
17. Jahrhundert

Die Renaissance entwickelte sich weiter zum Barock.

Die Paläste sahen nun ähnlich aus wie in der Renaissance, aber sie wurden **viel mehr geschmückt.** An Gebäuden aus dem Barock findest du oft Figuren als Verzierung: Engel, Menschen, aber auch komische Fratzen.

Solche Figuren sind typisch für das Barock.

Palazzo Manin-Dolfin (Canal Grande)

Ca' Corner della Regina (Canal Grande)

Übrigens
Oft ist es nicht ganz einfach, den Baustil zu bestimmen, denn viele Paläste wurden später verändert – im Stil, der dann gerade modern war.

So viel zu sehen!

Hier kannst du ankreuzen, was du schon gesehen hast und wie es dir gefallen hat.

gesehen	Cool!	o.k.	na ja …
☒ Canal Grande	☐	☐	☐
☒ Markuskirche von außen	☐	☐	☐
☐ Markuskirche von innen	☐	☐	☐
☒ Campanile	☐	☐	☐
☐ Uhrturm	☐	☐	☐
☐ Frau mit Tonschüssel	☐	☐	☐
☒ Dogenpalast von außen	☐	☐	☐
☒ Dogenpalast von innen	☐	☐	☐
☐ die vier Tetrarchen	☐	☐	☐
☐ die zwei Säulen	☐	☐	☐
☐ Rialto	☐	☐	☐
☐ Arsenal	☐	☐	☐
☐ Ghetto	☐	☐	☐
☐ Gondelwerft	☐	☐	☐
☐ Palazzo Contarini del Bovolo	☐	☐	☐
☐ Campo San Stefano	☐	☐	☐
☐ Campo Santa Maria Formosa	☐	☐	☐
☐ Campo Santi Giovanni e Paolo	☐	☐	☐
☐ Santa Maria Gloriosa dei Frari	☐	☐	☐
☐ Campo Santa Margherita	☐	☐	☐
☐ Campo San Polo	☐	☐	☐
☐ Rialtobrücke	☐	☐	☐
☐ Seufzerbrücke	☐	☐	☐
☐ Brücke ohne Geländer	☐	☐	☐
☐ San Michele	☐	☐	☐
☐ Murano	☐	☐	☐
☐ Burano	☐	☐	☐
☐ Lido	☐	☐	☐

Canal Grande

Canal Grande bedeutet „großer Kanal", und der Canal Grande ist auch der **größte und wichtigste Kanal in Venedig:** Er ist fast vier Kilometer lang, zwischen 30 und 70 Meter breit und bis zu fünf Meter tief.
Auf dem Plan siehst du, dass sich der Canal Grande wie ein spiegelverkehrtes „S" durch die Stadt schlängelt. Durch ihn sieht Venedig aus wie zwei Fische, die sich gegenseitig verschlingen wollen.

Links und rechts vom Canal Grande stehen **mehr als 200 prunkvolle Paläste,** denn jede reiche Familie wollte hier ihren Palazzo („Palast") haben. Deshalb nennen die Venezianer den Canal Grande auch **Canalazzo,** das ist eine Mischung aus den Wörtern „Canal" und „Palazzo".

Übrigens
Früher wurden alle Paläste (außer dem Dogenpalast) **Ca'** genannt. Das spricht man „Kaa" aus, es ist die Abkürzung von „Casa" und bedeutet „Haus" – eine ziemliche Untertreibung bei all dem Prunk!

Nur vier Brücken führen über den Canal Grande: die neue **Costituzione-Brücke** ❶ beim Piazzale Roma, die **Scalzi-Brücke** ❷ beim Bahnhof, die **Rialto-Brücke** ❸ circa in der Mitte und die **Accademia-Brücke** ❹ im Süden. Die älteste und berühmteste von den vieren ist die Rialto-Brücke (→ S. 50).

Für eine Besichtigungsfahrt nimmst du am besten die **Vaporetto-Linie 1** (→ Vaporettoplan S. 84). Sie fährt am langsamsten und hält an fast allen Stationen. So hast du Zeit, um dir die Paläste anzusehen.

Canal Grande

Start: 🚤 **1** Ferrovia (Bahnhof)

Der linke Teil des **Palazzo Flangini** fehlt! Nach einer Sage stritten die beiden Besitzer so heftig, dass der eine seinen Teil im Zorn abriss. (In Wahrheit konnten die Besitzer das Nachbargrundstück nicht dazukaufen, und so konnte der Palast nicht fertiggebaut werden.)

Der **Palazzo Vendramin-Calergi** gehörte der superreichen Familie Calergi, die durch Raufereien und Affären immer wieder für Aufsehen sorgte. 1883 starb hier der berühmte Komponist Richard Wagner, und heute beherbergt das Gebäude Venedigs Casino.

Die **Ca' d'Oro** (das „Goldene Haus") stammt aus der Zeit der Gotik. Damals war die Fassade bunt, teilweise war sie sogar vergoldet – daher kommt auch der Name. Heute ist hier die Kunstsammlung des ehemaligen Besitzers ausgestellt (Infos unter www.cadoro.org).

Barock

Renaissance

Gotik

← Bahnhof (Ferrovia)

Venezianisch-Byzantinisch

Barock

Neu-Gotik

Der **Fondaco dei Turchi** war das Handelshaus der türkischen Kaufleute. Er ist einer der ältesten Paläste in Venedig.
Heute ist hier das Naturgeschichtliche Museum untergebracht (Infos unter www.msn.visitmuve.it).

Die **Ca' Pesaro** wurde von Giovanni Pesaro in Auftrag gegeben, der später Doge wurde. Heute befinden sich in dem Palast die Galerie für moderne Kunst und das Museum für orientalische Kunst (Infos unter www.capesaro.visitmuve.it).

Du näherst dich der Rialto-Gegend, die früher Venedigs Handelszentrum war. Zuerst siehst du den **Fischmarkt,** der hier schon seit dem Mittelalter stattfindet. (Das Gebäude ist aber erst 110 Jahre alt und ahmt den gotischen Stil nach.)

Canal Grande

Im **Fondaco dei Tedeschi** („Handelshaus der Deutschen") lagerten und verkauften die deutschen Kaufleute früher ihre Waren. Weil das Gebäude heute ein Einkaufszentrum ist, kannst du es auch von innen ansehen – von der Dachterrasse hast du einen tollen Blick über Venedig (Reservierung unter www.tfondaco.com).

Die **Rialtobrücke** ist eines der Wahrzeichen von Venedig. Ursprünglich war sie aus Holz gebaut und konnte in der Mitte für große Schiffe geöffnet werden. Doch vor 400 Jahren beschlossen die Venezianer, eine neue Brücke aus Stein zu bauen. Und weil hier das Handelszentrum von Venedig war, wurden auf der Brücke auch Geschäfte errichtet.

Der **Palazzo Loredan** (und auch der Palazzo Farsetti rechts daneben) ist einer der ältesten Paläste am Canal Grande. In ihm (wie auch im Palazzo Farsetti) ist Venedigs Stadtverwaltung untergebracht. Der Palast bestand ursprünglich nur aus Erdgeschoss und erstem Stock, die beiden oberen Stockwerke kamen erst später dazu.

Renaissance

Renaissance

Venezianisch-Byzantinisch

Markusplatz →

Renaissance

Im Erdgeschoss der **Fabbriche Nuove** wurden die Waren für den Rialtomarkt gelagert. In den oberen Stockwerken befanden sich die Büros der Marktbehörde.

Die Geschäfte gibt es noch immer, aber das Warenangebot hat sich geändert: Früher wurden hier vor allem Luxusprodukte verkauft – heute sind es hauptsächlich Souvenirs.

Entdeckst du die Gebäude auf deiner Canal-Grande-Fahrt? Dann kreuze sie an.

Renaissance

Der **Palast der Steuerbehörde** hatte einst freien Blick auf den Canal Grande – bis die neue Rialtobrücke gebaut wurde: Seitdem ist ein Teil der Fassade von der Brücke verstellt.

Canal Grande

Der **Palazzo Grimani** wurde von der Familie Grimani gebaut, aus der drei Dogen kamen. Der Palast war für seine großartigen Feste berühmt. Später kaufte ihn die Stadt Venedig, und heute ist hier ein Teil des Gerichtes untergebracht.

Der **Palazzo Corner-Spinelli** sieht wie ein kleiner Bruder des Palazzo Vendramin-Calergi (→ S. 24) aus. Kein Wunder, beide sind vom selben Architekten geplant worden (der Palazzo Corner-Spinelli wurde zuerst gebaut, sozusagen „zum Üben").

Im **Palazzo Franchetti** ist heute ein Kulturzentrum untergebracht (Infos unter www.istitutoveneto.it). Früher befand sich links neben dem Palast eine Gondelwerft, die abgerissen wurde, um Platz für den Garten des Palastes zu schaffen.

Renaissance

Renaissance

Gotik

← Rialtobrücke

Gotik

Barock

Renaissance

Venedigs Studenten haben es gut – die **Ca' Foscari** ist nämlich Venedigs Haupt-Universität! Im Seitenkanal gegenüber der Uni, im Gebäude mit den vier Bögen, befindet sich Venedigs Feuerwehr – vielleicht siehst du ein Feuerwehr-Schiff?

Einer der eindrucksvollsten Barock-Paläste von Venedig ist die **Ca' Rezzonico.** Wenn du wissen willst, wie wirklich reiche Venezianer im 18. Jahrhundert gewohnt haben, dann kannst du dir den Palazzo auch von innen ansehen (Infos unter www.carezzonico.visitmuve.it).

Der **Palazzo Barbarigo** wurde vor 120 Jahren vom Besitzer einer Glasfirma in Murano gekauft. Die Nachbarn rümpften die Nase über den „neureichen" Eigentümer. Und als er die Glasmosaiken anbringen ließ, waren sie total entsetzt.

Canal Grande

Im kleinen **Palazzo Contarini-Fasan** soll die Venezianerin Desdemona gewohnt haben, die von ihrem Mann aus Eifersucht getötet wurde. Der Dichter William Shakespeare machte daraus sein Theaterstück „Othello".

Die **Ca' Giustinian** besteht eigentlich aus zwei Palästen. Früher befand sich zwischen den beiden eine enge Gasse, die einfach zugebaut wurde, als die Paläste miteinander verbunden wurden. Erkennst du, wo sie war?

Bevor die Brücke zum Festland gebaut wurde, kamen alle mit dem Schiff nach Venedig, und der Blick auf die **Piazzetta** und den **Markusplatz** war der erste Eindruck, den sie von der Stadt hatten. – Ziemlich beeindruckend, oder?

 Gotik

 Gotik

Ziel: 1 S. Marco / S. Zaccaria

 Barock

 Barock

 Barock

Die **Ca' Venier dei Leoni** hat nur ein Stockwerk, denn den Auftraggebern ging das Geld aus. 1948 kaufte die Kunstsammlerin Peggy Guggenheim den Palast, und heute ist darin ihre Sammlung zu sehen (Infos unter www.guggenheim-venice.it).

Als die Pest in Venedig wütete, beteten die Venezianer zur Gottesmutter Maria. Sie versprachen, eine Kirche zu bauen, wenn die Pest vorüberginge. Und wirklich: Ein Jahr später war es so weit, und so wurde die Kirche **Santa Maria della Salute** gebaut.

Am **Zollamt** mussten früher alle Waren verzollt werden, die vom Meer kamen. (Für Waren vom Festland gab es ein Extra-Zollamt bei der Rialtobrücke.) Jeden Abend wurde hier eine Eisenkette über den Kanal gespannt: So konnte sich kein Schiff in der Nacht vorbeischummeln.

Canal Grande

Auch diese Paläste befinden sich am Canal Grande.
Verbinde sie mit der Stilrichtung, in der sie erbaut wurden.

VENEZIANISCH-BYZANTINISCH

Palazzo Contarini dal Zaffo

GOTIK

Ca' Corner de la Regina

RENAISSANCE

Palazzo Pisani Moretta

BAROCK

Ca' Farsetti

Markusplatz

Der Markusplatz, die **Piazza San Marco,** ist der bekannteste Platz in Venedig.

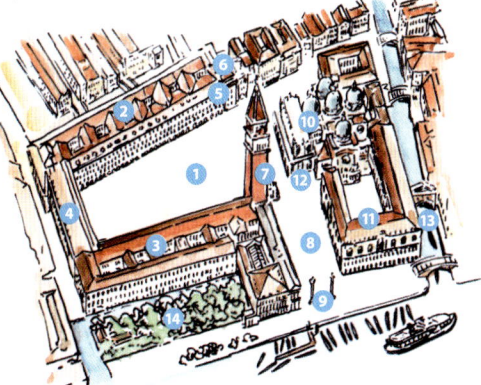

1. Markusplatz
2. Alte Prokuratur
3. Neue Prokuratur
4. Napoleonischer Trakt, Correr-Museum
5. Uhrturm
6. Frau mit der Tonschüssel
7. Campanile
8. Piazzetta
9. Säulen
10. Markuskirche
11. Dogenpalast
12. Vier Tetrarchen
13. Seufzerbrücke
14. Giardini Reali (Perfekt für eine Pause!)

Übrigens

Der Markusplatz ist der einzige Platz in Venedig, der „Piazza" heißt, alle anderen Plätze heißen „Campo" (das bedeutet „Feld").

Wenn du den Markusplatz heute siehst, kannst du dir wahrscheinlich nur schwer vorstellen, dass hier früher der Gemüsegarten des Klosters San Zaccaria war – bis der Doge beschloss, an dieser Stelle seinen Palast zu bauen.

Und das war erst der Anfang: Als der Leichnam des heiligen Markus in Venedig ankam, wurde auch die Markuskirche hier gebaut.

Weitere Gebäude folgten: der Campanile, die alten und die neuen Büros der Prokuratur (das war die Stadtverwaltung von Venedig) und der Uhrturm.

Der Markusplatz wurde der wichtigste Platz in Venedig. Hier fanden die religiösen und politischen Feiern statt, aber auch andere Feste, wie der berühmte Karneval.

Markusplatz

In den Gebäuden auf den beiden Längsseiten des ❶ **Markusplatzes** befanden sich früher die Büros der Prokuratoren (das waren die obersten Stadtverwalter von Venedig). Auf der längeren Seite des Platzes war die ❷ **Alte Prokuratur** untergebracht.

Später, als die Verwaltung mehr Büros brauchte, wurde auf der gegenüberliegenden Seite die ❸ **Neue Prokuratur** gebaut.

Im Erdgeschoss der Neuen Prokuratur befindet sich das älteste Kaffeehaus von Venedig: das **Caffè Florian.** Es ist sehr teuer (wie auch die anderen Cafes auf dem Markusplatz).

Nachdem Napoleon Venedig erobert hatte, wohnte er in der Neuen Prokuratur. Als Verbindung zur Alten Prokuratur ließ er den ❹ **Napoleonischen Trakt** bauen. Dafür wurde sogar eine Kirche, die im Weg stand, abgerissen.

Siehst du den ❺ **Uhrturm** neben der Markuskirche?
Die beiden Männer, die auf dem Dach stehen, schlagen zu jeder vollen Stunde mit ihren Hämmern auf die große Glocke.

Und jetzt eine Frage, die vielleicht komisch klingt:

Wo kannst du die Zeit ablesen?

Du kannst den Uhrturm auch besteigen – allerdings nur mit einer Führung (Englisch, Italienisch oder Französisch). Infos unter torreorologio.visitmuve.it

Wenn du durch den Durchgang unter dem Uhrturm gehst, siehst du am Haus links dahinter die Darstellung einer ❻ **Frau mit einer Tonschüssel.**
Sie hat vor langer Zeit einen Aufstand gegen den Dogen verhindert: Als die Verschwörer auf ihrem Weg zum Dogenpalast hier vorbeigingen, fiel der Frau die Schüssel aus dem Fenster – genau auf den Kopf des Anführers!

Seine Kameraden dachten, dass ihr Plan verraten worden wäre und flüchteten voll Panik. Zur Erinnerung an dieses Ereignis wurde das Relief angebracht, und zum Dank musste die Frau ihr Leben lang keine Miete mehr bezahlen.

Markusplatz

Der venezianische Maler **Gentile Bellini** malte auf diesem Bild den **Umzug, der am Festtag des heiligen Markus im Jahr 1496** stattfand.
Wenn du das Bild mit dem heutigen Markusplatz vergleichst, siehst du, dass der Platz schon vor mehr als 500 Jahren fast genau so ausgesehen hat wie heute. Nur der Uhrturm wurde erst später gebaut.

Findest du die 10 Unterschiede auf dem unteren Bild?

Du findest das Bild im **Accademia-Museum** (→ S. 16), Saal 20.

Markuskirche

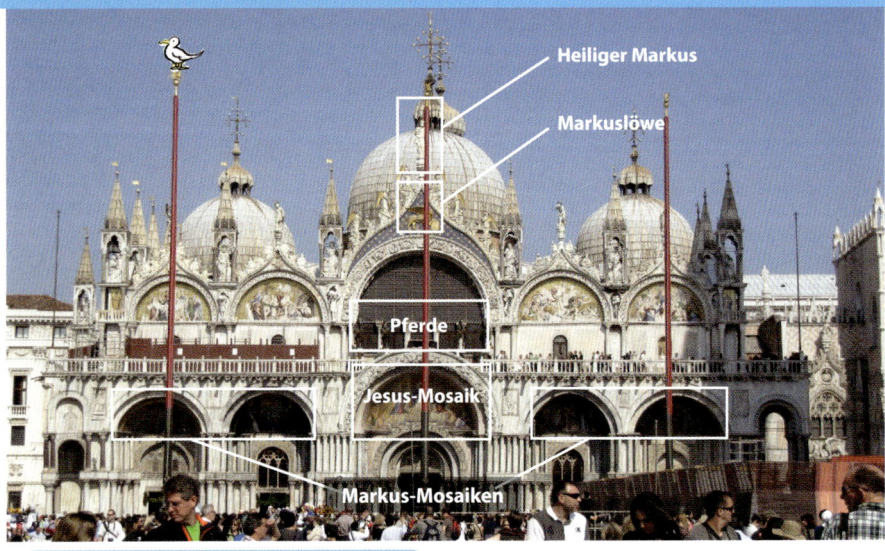

✉ Piazza San Marco (San Marco)
🚤 San Marco, San Zaccaria
🕐 Jan–Ostern Mo–Sa 9.30–17.00 Uhr
              So und Feiertag 14.00–16.30 Uhr
   Ostern–Okt Mo–Sa 9.30–17.00 Uhr
              So und Feiertag 14.00–17.00 Uhr
   Nov–Dez   Mo–Sa 9.30–17.00 Uhr
              So und Feiertag 14.00–16.30 Uhr
   Letzter Einlass 15 Minuten vor Schließung.
€ Kirche: Eintritt frei, Pala d'Oro und Museum: Eintritt
💻 www.basilicasanmarco.it
📞 0039 041 2708311
❗ Zutritt nur mit „angemessener" Kleidung: bedeckte Schultern, keine Shorts oder Miniröcke.
❗ Die Warteschlange vor der Markuskirche ist oft lang. In der Hauptsaison (Apr–Okt) kannst du auf der Homepage Tickets kaufen (2 Euro), mit denen du ohne Wartezeit bei einem separaten Eingang in die Kirche gehen kannst.

Über die Markuskirche

Hast du die Geschichte gelesen, wie der heilige Markus nach Venedig kam? (Du findest sie auf S. 14.)

Um Markus' Leichnam würdig aufzubewahren, bauten die Venezianer eine Kirche: die Markuskirche. – Das ist aber nicht die Kirche, die du siehst, denn diese erste Markuskirche, die aus Holz war, brannte später ab.
Die Venezianer bauten sie wieder auf. Doch auch das ist nicht die Kirche, die vor dir steht, denn einige Zeit später fand der Doge Domenico Contarini, dass die Kirche nicht prächtig genug war. Deshalb ließ er sie abreißen und neu bauen – und das ist jetzt die Markuskirche, die du siehst! (Auf Italienisch heißt sie übrigens **Basilica di San Marco.**)

829–832
Die Venezianer bauen eine Kirche für den heiligen Markus.

976
Die Markuskirche brennt ab und wird danach wiederhergestellt.

1063–1094
Die heutige Markuskirche wird gebaut.

Markuskirche

Auch danach wurde die Markuskirche **mehrmals umgebaut und immer prächtiger geschmückt.** Es gab sogar ein Gesetz, das bestimmte, dass venezianische Kaufleute von ihren Reisen Kunstgegenstände für die Kirche mitbringen mussten.

Als die Venezianer im Jahr 1204 Konstantinopel eroberten, raubten sie Unmengen an Kunstschätzen und brachten sie nach Venedig – und die Kirche des heiligen Markus wurde noch prunkvoller ausgestattet.

Es geht los!

Die Markuskirche sieht recht ungewöhnlich aus – oder kennst du eine Kirche, die ähnlich ausschaut?
Sie wurde nach dem Vorbild einer Kirche in Konstantinopel gebaut – Venedig hatte ja enge Beziehungen dorthin (→ S. 10).

Die Markuskirche hat die Form eines Kreuzes. Über diesem Kreuz erheben sich fünf Kuppeln: eine große über der Mitte und vier kleinere über den Armen.

Oben auf dem Balkon siehst du **vier Pferde.** Sie sind über 2000 Jahre alt und wurden bei der Eroberung von Konstantinopel von den Venezianern geraubt. Um genau zu sein: Es handelt sich nur um Kopien – die echten Pferde befinden sich im Museum der Markuskirche. Und über den Pferden siehst du den **heiligen Markus und seinen Löwen.**

Die fünf Kircheneingänge sind mit **Mosaiken** geschmückt. (Ein Mosaik ist ein Bild, das aus kleinen, verschiedenfarbigen Glasstücken oder Steinen zusammengesetzt ist.)

Über dem Haupteingang siehst du Jesus am Tag des Jüngsten Gerichts, und die Mosaiken über den vier Seiteneingängen zeigen die Geschichte, wie der heilige Markus Venedigs Schutzpatron wurde.

Aber in welcher Reihenfolge ist die Geschichte angeordnet?
Schreibe die Ziffern in die richtigen Torbögen:

1 Die Zöllner wenden sich angeekelt vom Korb mit dem Schweinefleisch ab, in dem der Leichnam des heiligen Markus versteckt ist.
2 Das Schiff kommt in Venedig an.
3 Der Doge empfängt den Leichnam des heiligen Markus.
4 Der Sarg mit Markus' Leichnam wird in die Markuskirche getragen.

Markuskirche

Fällt dir auf, dass das letzte Mosaik anders wirkt als die anderen?

Es ist das einzige, das noch original ist und aus dem 13. Jahrhundert stammt. Die anderen Mosaiken wurden später erneuert.

Der Haupteingang ist von **steinernen Bögen** umgeben. Auf der Innenseite des obersten Bogens sind verschiedene Berufe dargestellt.

Findest du die Schiffsbauer und die Fischer?

Und siehst du links über der Säule den **Mann mit den Krücken,** der sich in den Finger beißt? Nach einer alten Sage ist das der Architekt der Markuskirche, der sich ärgert, dass die Kirche nicht NOCH schöner geworden ist.

Mist!

Jetzt geht's in die Kirche!

1. Markus-Mosaik
2. Marmorplatte
3. Pala d'Oro
4. Hauptaltar
5. Tür in den Dogenpalast
6. Chorschranke
7. Madonna Nicopeia
8. Aufgang zum Markus-Museum

Die Markuskirche zeigt uns Himmel und Erde: Der Fußboden und der untere Teil der Wände sollen die Erde darstellen, und darüber leuchtet der goldene Himmel mit seinen Heiligen.

Schau dir die kunstvollen Fußboden-Mosaiken an – sie bestehen aus mehr als 60 verschiedenen Marmorarten.

Hm, der Fußboden ist ziemlich uneben.
Warum ist das so?
Daran kannst du erkennen, dass die Holzstämme, auf denen die Markuskirche steht, unterschiedlich tief in den Lagunenboden eingesunken sind.

Markuskirche

Die Mosaiken an den Wänden und an der Decke der Kirche erzählen Geschichten aus der Bibel und aus dem Leben des heiligen Markus.

> **Übrigens**
> Die Mosaiken in der Markuskirche bedecken mehr als 8.000 Quadratmeter – das ist größer als ein Fußballfeld!

Im Mittelalter, als die Mosaiken entstanden, konnte fast niemand lesen. Die Menschen kannten aber die Geschichten aus der Bibel, und die Mosaiken waren wie ein riesiges, prächtiges Bilderbuch für sie.

Heute ist es umgekehrt: Wir können zwar alle lesen, aber dafür fällt es uns schwer, die Bilder zu verstehen – obwohl viele eigentlich Comics ähneln und in mehreren Bildern eine Geschichte erzählen. (Und oft gibt es sogar kurze Erklärungen dazu.)

Versuchen wir, ein „Mosaik-Comic" zu „lesen". Um es zu verstehen, musst du wissen, dass die Venezianer ein Problem hatten: Sie hatten den Leichnam des heiligen Markus ja gestohlen, und deshalb befürchteten sie, dass jemand aus Alexandria kommen könnte, um ihn „zurückzustehlen".

Und jetzt sieh dir das ❶ **Mosaik, das dieses Wunder** in zwei Bildern **zeigt,** an. Es befindet sich unter der rechten Kuppel, an der Wand zum Markusplatz. Links siehst du, wie der Doge (du erkennst ihn an der Inschrift „DUX"), die Geistlichen und das Volk zu Gott beten, dass der Leichnam des heiligen Markus wiederauftauchen möge.

Markuskirche

Und rechts daneben hat sich die Säule bereits geöffnet.

 An der gegenüberliegenden Wand ist die Stelle, an der das Wunder passiert sein soll, durch eine ❷ **Marmorplatte** markiert.

Wenn du die Besichtigungsgebühr bezahlst, kannst du dir den wertvollsten Schatz der Markuskirche ansehen: die ❸ **Pala d'Oro** (das bedeutet „Goldene Tafel"), die sich auf der Rückseite des Altarbildes befindet. (Wenn du nicht zur Pala d'Oro gehst, dann lies bei ❻ weiter.)

Die Pala d'Oro besteht aus 250 kleinen Bildern und hat Jesus zum Thema. Im Zentrum des unteren Teils sitzt ❶ **Jesus** auf dem Thron und segnet die Menschen.
Schon vor seiner Geburt war er von den ❷ **Propheten** angekündigt worden.

Seine Botschaft wurde von den ❸ **zwölf Aposteln** verkündetet und von den ❹ **vier Evangelisten** aufgeschrieben (Markus ist links oben dargestellt).
Viele ❺ **Engel** beten zu Jesus, und über ihnen siehst du ❻ **Szenen aus Jesus' Leben.**
Jesus' Mutter ❼ **Maria** darf natürlich nicht fehlen, neben ihr stehen der ❽ **Doge Ordelafo Falier** und ❾ **Kaiserin Irene von Konstantinopel.**
Sieh dir die ❿ **Szenen aus dem Leben des heiligen Markus** an. Die untersten drei Bilder rechts zeigen, wie der heilige Markus nach Venedig kam: Im dritten Bild von unten stehlen die beiden venezianischen Kaufleute seinen Leichnam, darunter fährt das Schiff nach Venedig, und im untersten Bild empfangen die Venezianer den Sarg mit Markus' Leichnam.

Jetzt hast du gesehen, wie aufwendig die Pala d'Oro gestaltet ist.
Wenn du alle ungeraden Ziffern wegstreichst, erfährst du, mit wie vielen Edelsteinen und Perlen die Pala d'Oro geschmückt ist.
3723545579798791565357

Als nächstes geht's am ❹ **Hauptaltar** vorbei. Er wirkt vielleicht nicht sehr aufregend, aber in ihm befindet sich der Sarg mit den Überresten des heiligen Markus!

Markuskirche

Nachdem die Venezianer Markus' Leichnam wiederentdeckt hatten, brachten sie ihn zunächst in die Krypta (das ist ein Raum unter dem Altar, in dem sich oft Heiligengräber befinden). Weil die Krypta aber immer wieder überflutet wurde, bestattete man Markus' Überreste später im Altar – und da liegen sie noch immer.

Wenn du zur Kasse der Pala d'Oro zurückgehst, stehst du vor einer ❺ **Tür.** Sie führt direkt in den Dogenpalast. Hinter dem vergitterten Fenster, das sich über der Tür befindet, konnte der Doge am Gottesdienst teilnehmen.

Jetzt geht es den „normalen" Rundgang weiter. Er führt dich zur ❻ **Chorschranke:** Das ist die Abtrennung zwischen dem Chor oder Altarraum (in dem sich nur die Geistlichen aufhalten durften) und dem Rest der Kirche: Acht Säulen tragen einen Balken, auf dem du in der Mitte Jesus am Kreuz siehst. Ihm zur Seite stehen seine Mutter Maria und der heilige Markus, und daneben siehst du die zwölf Apostel.

Auch in der Kuppel über dir ist der in einem Himmeskreis thronende Jesus von Maria und den zwölf Aposteln umgeben. Und gleich unter der Kuppel sind die vier Evangelisten dargestellt: Markus erkennst du an der Inschrift „FIGURAS MARC".

Hinter der Chorschranke siehst du wieder den Hauptaltar. (Wenn du nicht bei der Pala d'Oro warst, dann lies dazu bei ❹ nach.)

In der Kapelle links neben der Chorschranke beten die Gläubigen zur ❼ **Madonna Nicopeia,** einer Darstellung von Maria mit dem Jesuskind. Sie wurde nach der Eroberung von Konstantinopel als Kriegsbeute nach Venedig gebracht, und die Venezianer glauben, dass sie ihre Stadt beschützt.

Zuerst stehlen sie mich, und dann soll ich sie beschützen...

Sieh dir, bevor du die Kirche verlässt, die Wand vor dem Kirchenausgang an: Hier kannst du erkennen, wie hoch das Wasser während Venedigs (bisher) höchstem Hochwasser im Jahr 1966 stand.

Zum Abschluss kannst du die steilen Stufen ins ❽ **Markus-Museum** hinaufsteigen. Von dort aus hast du einen großartigen Blick in die Kirche, und du kannst dir die Wand- und Deckenmosaiken aus der Nähe ansehen. Auch die Original-Pferde sind hier ausgestellt: Sie sind hohl, und ihre Köpfe können abgenommen werden (die Abnehmstellen sind durch die Halsriemen verdeckt). Und von der Terrasse, wo sich die Pferdekopien befinden, siehst du über den ganzen Markusplatz. **Ende**

Campanile

Schräg gegenüber der Markuskirche befindet sich der **Campanile**. Er ist der Glockenturm der Kirche und mit 98 ½ Metern der **höchste Turm in Venedig.**

Warum haben die Venezianer den Campanile nicht direkt an die Markuskirche gebaut?
A: Die Markuskirche war so groß, dass direkt daneben kein Platz mehr für einen Kirchturm war.
B: Kirchtürme brannten früher oft ab, wenn der Blitz einschlug. Um die Markuskirche vor Feuer zu schützen, baute man den Campanile etwas entfernt von der Kirche.
C: Der Campanile sollte eigentlich neben der Kirche stehen, aber dummerweise hat sich der Architekt vermessen.

Vor circa 120 Jahren war der Campanile durch Blitzschläge so stark beschädigt, dass man den Markusplatz zur Sicherheit absperrte. Und wirklich: Am 14. Juli **1902 stürzte der Campanile ein.** Wegen der Sperre ist zum Glück niemand verletzt worden.

Das blieb vom Campanile übrig.

✉	Piazza San Marco (San Marco)
🚢	San Marco, San Zaccaria
🕐	Jan–März 9.30–16.45 Uhr
	1. Apr–Mitte Apr 9.00–17.30 Uhr
	Mitte Apr–Sept 8.30–21.00 Uhr
	Okt 9.30–18.00 Uhr
	Nov–Dez 9.30–16.45 Uhr
€	Eintritt
💻	www.basilicasanmarco.it
☎	0039 041 2708311
❗	Die Warteschlange vor dem Campanile ist oft lang. Von April bis Oktober kannst du auf der Homepage Tickets kaufen, mit denen du dich nicht anstellen musst.

Die Venezianer bauten den Campanile wieder auf. Später wurde auch ein Aufzug eingebaut. Mit dem kannst du auf den Campanile hinauffahren und Venedig von oben anschauen. (Keine Angst, der Turm ist jetzt stabil!)

Piazzetta

Der Platz, der zwischen der Markuskirche und dem Campanile zur Lagune führt, heißt **Piazzetta.** Er war früher das **Eingangstor nach Venedig,** denn vor dem Bau der großen Brücke konnte die Stadt ja nur vom Meer aus erreicht werden.

Siehst du die **zwei Säulen?** Eigentlich sollten drei Säulen auf der Piazzetta stehen, aber als sie vom Schiff geladen wurden, fiel eine ins Wasser, und man konnte sie nicht mehr finden. Angeblich liegt sie noch immer unter der Gondel-Anlegestelle.

Übrigens
Zwischen den Säulen befand sich früher der Hinrichtungsplatz von Venedig. Obwohl das schon lange her ist, gehen die Venezianer auch heute nicht gern zwischen den beiden Säulen durch.

Piazzetta (San Marco)
San Marco, San Zaccaria

Von der linken Säule blickt der Markuslöwe über die Piazzetta. – Und von der rechten Säule?
A: Hier ist der heilige Markus mit dem Krokodil dargestellt, das ihn einmal vor dem Ertrinken gerettet hat.
B: Der Bildhauer wollte eigentlich einen Markuslöwen statt des Krokodils meißeln, aber ihm ist der untere Teil des Steins abgebrochen. Für einen Löwen war er dann nicht mehr hoch genug, aber für ein Krokodil hat er noch gereicht.
C: Die Statue zeigt gar nicht den heiligen Markus, sondern den heiligen Theodor. Er war der Schutzpatron Venedigs, bevor der Leichnam des heiligen Markus nach Venedig kam. Und das Krokodil ist eigentlich ein Drache, den der heiligen Theodor besiegt haben soll.

Dogenpalast

- ✉ Piazzetta (San Marco)
- 🚤 San Zaccaria, San Marco
- 🕐 Jan–März   täglich 8.30–17.30 Uhr
  Apr–Okt   täglich 8.30–19.00 Uhr
  Nov–Dez   täglich 8.30–17.30 Uhr
  Letzter Einlass eine Stunde vor Schließung.
- € Eintritt
- 💻 www.palazzoducale.visitmuve.it
- ☎ 0039 041 2715911
- ❗ Wenn die Warteschlange vor dem Dogenpalast lang ist, dann kauf die Tickets im Correr-Museum. Dort ist wenig los, und du kannst dann an der Warteschlange vorbei gleich zum Eingang des Dogenpalastes gehen. Oder du kaufst die Karten online – dann kannst du sie an der Kasse abholen.
- ❗ Das Ticket gilt auch für das Correr-Museum (→ S. 68).

Über den Dogenpalast

Rechts neben der Markuskirche befindet sich der Dogenpalast, der auf Italienisch **Palazzo Ducale** heißt. Er war früher das wichtigste Gebäude in Venedig: Hier wohnte der **Doge** (→ S. 10), und hier befanden sich die Büros der **Regierung,** der **Verwaltung** und des **Gerichts.** Auch das **Gefängnis** war im Dogenpalast untergebracht.

Ursprünglich war der Dogenpalast aus Holz, aber weil immer wieder Feuer in Venedig ausbrach, wurde er später aus Stein neu gebaut.

So wie du den Dogenpalast heute siehst, stammt er aus der Zeit der **Gotik** (→ S. 20). Aber auch später wurde er immer wieder umgebaut und vergrößert.

Dogenpalast

Es geht los!

Gleich neben der Markuskirche befindet sich die **Porta della Carta** (das bedeutet „Papiertür"). Sie war früher der **Haupteingang** des Dogenpalastes. Über dem Tor siehst du einen Dogen, der vor dem Markuslöwen kniet, und darüber blickt der heilige Markus aus dem Palast.

Woher hat die Porta della Carta ihren Namen?
A: Hier wurden alle neuen Gesetze, die auf Papierrollen geschrieben waren, angeschlagen.
B: Wenn man eine Bitte an die Regierung hatte, konnte man sie aufschreiben und hier abgeben.
C: Die Schreiber, die für die Leute Schriftstücke verfassten, arbeiteten in der Nähe.

Heute befindet sich der Eingang auf der Lagunenseite.

Wenn du in den **Innenhof** des Palastes kommst, siehst du gegenüber die Kuppeln der Markuskirche und rechts davor die **Treppe der Riesen.** Sie heißt so, weil an ihrem oberen Ende zwei riesige Statuen stehen: der römische Kriegsgott Mars (mit Helm und Schild) und Neptun, der Gott des Meeres – die beiden sollten Venedigs Herrschaft zu Land und auf dem Meer symbolisieren.

Zwischen diesen zwei „Riesen" fanden auch die Krönungen der Dogen statt – die Dogenkrone sah allerdings etwas ungewöhnlich aus: wie eine Mütze mit einem Horn.

„Ungewöhnlich"? Ich finde, sie sieht doof aus...

Gegenüber der Treppe befindet sich die Porta della Carta, die du gerade von außen gesehen hast. Früher betraten die Besucher also hier den Hof, gingen dann die Treppe der Riesen hinauf – und waren wahrscheinlich schon mal ziemlich beeindruckt!

Heute ist dieser Weg gesperrt. Geh deshalb wieder zurück Richtung Eingang – links am Ende des Hofes führt eine Treppe zur Loggia im 1. Stock.

Findest du dort die Maske an der Wand?

Das war ein **Briefkasten der Geheimpolizei** von Venedig!

Dogenpalast

Wenn jemand ein Verbrechen melden wollte, musste er es nur aufschreiben und in den Schlitz im Mund der Maske werfen. Es gab viele dieser Briefkästen in Venedig.

Oft hatten die Geheimbriefkästen die Form eines ~~P T L L A t i O i~~ **s, und deshalb nannten die Venezianer sie auch so.**

Einige Geheimbriefkästen waren nur für bestimmte Verbrechen zuständig – dieser zum Beispiel für „anonyme Anschuldigungen gegen unrechtmäßige Begünstigungen oder gegen Schwarzarbeiter, die verheimlichen, wie viel sie wirklich verdient haben".

Von der Loggia führt die **Goldene Treppe** zu den Staatsräumen im 3. Stock.

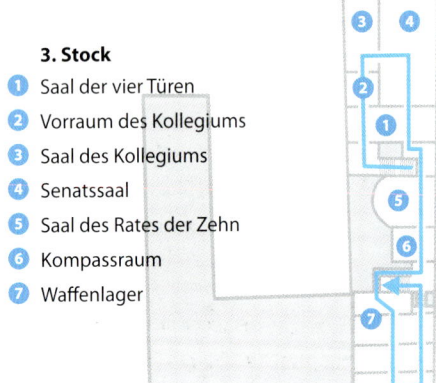

3. Stock
1. Saal der vier Türen
2. Vorraum des Kollegiums
3. Saal des Kollegiums
4. Senatssaal
5. Saal des Rates der Zehn
6. Kompassraum
7. Waffenlager

Durch den Quadratischen Vorraum betrittst du den **1 Saal der vier Türen.** Hier trafen sich die Regierungsmitglieder vor ihren Versammlungen und in den Pausen.

Das Innere des Dogenpalastes ist prachtvoll geschmückt: Man wollte so den Reichtum Venedigs zeigen (also ein bisschen angeben).

Viele Bilder stellen **Ereignisse aus der venezianischen Geschichte** dar – sie sollten jedem Besucher klarmachen, wie mächtig und siegreich Venedig war.

Dann gibt es zahlreiche Bilder, auf denen ein **Doge ehrfürchtig vor Jesus, der Gottesmutter Maria oder einem Heiligen kniet.** Sie sollten zeigen, dass Venedig von Gott und den Heiligen beschützt wurde. (Jeder Doge war übrigens verpflichtet, ein „Knie-Bild" in Auftrag zu geben.)

Und dann gibt es noch viele **Allegorien:** Das sind Bilder, auf denen zum Beispiel „Reichtum", „Macht" oder „Gerechtigkeit" (alles Begriffe, die Venedig für sich in Anspruch nahm) als Frauen dargestellt sind. Früher erkannten die Menschen an den dazugemalten Gegenständen, um welche Allegorie es sich handelte, heute brauchen wir dazu meist eine Erklärung.
Auch Venedig wurde oft als Frau dargestellt.

Dogenpalast

Beispiele gefällig?
Auf der gegenüberliegenden Wand siehst du rechts ein geschichtliches Ereignis: den feierlichen Empfang des französischen Königs Henri III. (in schwarzer Kleidung) durch den Dogen Alvise Mocenigo (mit Dogenmütze und goldenem Mantel).

Und auf der Eingangsseite kniet der Doge Antonio Grimani (mit Rüstung und goldenem Umhang, seine Dogenmütze wird von einem Jungen gehalten) vor einer Frau. Sie ist eine Allegorie, die den christlichen Glauben symbolisiert (das erkennt man an ihrem weißen Kleid, dem Kreuz und dem Kelch). Links im Bild steht der heilige Markus: Er ist an dem Löwen und dem Evangelium (→ S. 15) in seinen Händen erkennbar. Und am unteren Bildrand siehst du Venedig.

Weiter geht es in den ❷ **Vorraum des Kollegiums.** Hier warteten die Besucher darauf, dass sie zur Audienz vorgelassen wurden.

Die Audienzen fanden dann im ❸ **Saal des Kollegiums** statt.

Im Bild gegenüber findest du alles: Geschichte, einen knienden Dogen, Jesus, Heilige und Allegorien.

Der Doge Sebastiano Venier (in der Rüstung und dem gold-roten Umhang) kniet vor Jesus und dankt ihm für den Sieg in der Seeschlacht von Lepanto gegen das Osmanische Reich (im Hintergrund siehst du die Kriegsflotte).
Jesus segnet den Dogen – die Lorbeerzweige und Palmwedel sind Symbole des Sieges.
Die Frau im roten Kleid ist die heilige Justina: Ihr Gedenktag wird am 7. Oktober gefeiert, und an diesem Tag im Jahr 1571 hatte die Schlacht von Lepanto stattgefunden.
Justina zur Seite stehen der heilige Markus (mit blauem Umhang) und der Markuslöwe.
Die Frau neben Markus hält die Dogenmütze. Sie ist eine Allegorie und soll die Stadt Venedig verkörpern. Und auch die Frau im weißen Kleid mit dem Kelch ist eine Allegorie: Sie symbolisiert (diesmal ohne Kreuz) den christlichen Glauben. Das Bild will uns also mitteilen, dass Venedig gekämpft hat, um den Glauben zu verteidigen – und dass der Sieg nur logisch war, denn die Stadt wurde ja von Jesus und den Heiligen beschützt.

Dogenpalast

Im ❹ **Senatssaal** besprachen der Doge und die Senatoren die Politik Venedigs. Der Doge und seine Berater hatten ihre Plätze auf dem Podest, die Senatoren saßen entlang der Wände.

Ist dir aufgefallen, dass der Boden vibriert, wenn jemand darübergeht? Venedigs Paläste sind ja auf Pfählen gebaut (→ S. 18) und bewegen sich daher ein bisschen (aber nur ganz wenig). Deshalb brauchte man einen Fußboden, der elastisch auf diese Bewegungen reagiert: **Terrazzo** war die Lösung! Er besteht aus zerkleinerten Steinen und Kalk. Damit er schön aussieht, wird er geschliffen und poliert, bis er glänzt.

Wieder geht es in den **Saal der vier Türen.** Das Bild über dem Fenster zeigt Neptun, den römischen Meeresgott, der einer Frau die Schätze des Meeres überreicht.
Du kannst es dir wahrscheinlich denken: Die Frau mit Krone, Zepter und Hermelinmantel soll Venedig darstellen (und der gemütlich aussehende Schoßhund ist der Markuslöwe). Das Bild soll symbolisieren, dass Venedig durch die Schifffahrt (also das Meer) reich geworden ist.

Übrigens

Das Bild ist nur eine Kopie – das Original hatte man schon vor langer Zeit von der Wand über dem Fenster abgenommen und auf einer Staffelei im Saal gezeigt ... bis es vor einigen Jahren für eine Ausstellung verliehen wurde und dabei „verloren ging". Niemand weiß, ob es je wieder auftauchen wird.

Weiter geht's in den ❺ **Saal des Rates der Zehn.** Der Rat der Zehn war die Geheimpolizei von Venedig und bestand (wie der Name schon sagt) aus zehn Mitgliedern, die vom Dogen und seinen engsten sechs Beratern unterstützt wurden. Er war sehr gefürchtet, denn er hatte überall seine Spione. Auch durch die Geheimbriefkästen, von denen du einen im ersten Stock gesehen hast, erhielt er seine Informationen.

Übrigens

Niemand wusste, wer dem Rat der Zehn angehörte. Daher musste man immer aufpassen, was man sagte, denn man konnte nie wissen, ob man vielleicht gerade einem Mitglied gegenüberstand. Ein altes venezianisches Sprichwort lautet daher: „Was drei Venezianer wissen, weiß auch der Rat der Zehn."

Dogenpalast

Entdeckst du die versteckte Tür?

Von hier führt ein Geheimgang zu den dahinterliegenden Büros und zum Gefängnis.

Als nächstes kommst du in den ❻ **Kompassraum.** Er war der Vorraum zum Saal des Rates der Zehn, und diejenigen, die vor dem Rat der Zehn angeklagt waren, mussten hier auf ihre Befragung und das Urteil warten.
Die große Holztür führt wieder zu zwei Geheimgängen.

Rechts neben dem Ausgang befindet sich eine hölzerne Klappe, die geöffnet werden kann.

Wozu diente sie?
A: Das war auch ein Geheimbriefkasten.
B: Durch sie konnte man hören, was nebenan gesprochen wurde.
C: Hier wurden die Urteile für die Angeklagten durchgereicht.

Über eine Treppe und eine Gittertür gelangst du in das ❼ **Waffenlager** des Dogenpalastes, das ursprünglich als **Gefängnis für Promi-Gefangene** diente: Die beiden Türen rechts im zweiten Raum führen zu einer Gefängniszelle. Die Rüstung zwischen den beiden Türen hat eine Kerbe: Sie stammt von dem Probeschuss, mit dem man die Festigkeit der Rüstung testete.

Jetzt geht es hinunter in den 2. Stock.

❽ Saal des Großen Rates
❾ Abstimmungssaal

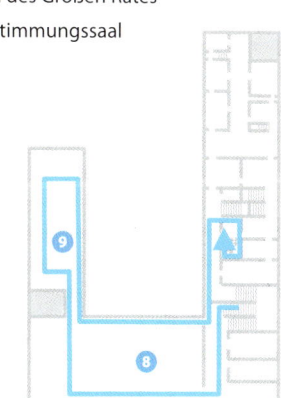

Du gehst durch den **Gang des Großen Rates.** Hier hielten sich die Rats-Mitglieder vor ihren Versammlungen und während der Pausen auf.

Am Ende des Ganges geht es rechts in den größten Saal des Dogenpalastes: den ❽ **Saal des Großen Rates.** Er ist 53 Meter lang und 25 Meter breit – nicht zu groß, wenn man bedenkt, dass hier bis zu 2.000 Rats-Mitglieder Platz finden mussten!

Dogenpalast

> ### Übrigens
> Rats-Mitglied war jeder adelige Venezianer, der das 26. Lebensjahr erreicht hatte. Der Große Rat traf viele Entscheidungen. Zu den wichtigsten Aufgaben zählten die Wahl des Dogen und der Staatsbeamten.

Der Doge und seine Berater saßen auf der hölzernen Tribüne. Stuhlreihen für die Rats-Mitglieder füllten früher den ganzen Saal.

Warum ist der Saal heute leer?
Als Napoleon Venedig eroberte, waren seine Soldaten nicht zimperlich und schleppten alles, was nicht niet- und nagelfest war, als Kriegsbeute weg. Damals wurde auch der Dogenpalast komplett ausgeräumt.

Auf der Wand hinter der Tribüne siehst du das größte Ölgemälde der Welt: das **Paradies** von **Jacopo Tintoretto** (der dabei von seinem Sohn **Domenico** unterstützt wurde).
Jesus empfängt darauf seine Mutter Maria im Himmel. Dort ist ganz schön viel los – die beiden sind von mehr als 500 Engeln und Heiligen umgeben! Auch der heilige Markus darf natürlich nicht fehlen – du erkennst ihn an seinem Löwen und dem Evangelium.

Tintoretto malte das Bild nicht hier, sondern in seiner Werkstatt. Dort bemalte er kleinere Leinwandstücke, die dann im Dogenpalast zusammengefügt wurden.

Unter der Decke siehst du die Porträts von den ersten 76 Dogen, die Venedig regierten.

Findest du die Stelle, wo statt eines Dogen-Porträts nur eine Inschrift auf schwarzem Hintergrund zu sehen ist?

Die lateinische Inschrift verrät, dass hier der Platz für den Dogen Marin Falier wäre, der aber geköpft wurde, weil er versucht hatte, die Regierung zu stürzen.

Unter den Dogenköpfen siehst du Ereignisse aus der Geschichte Venedigs (und natürlich sind es nur solche, die zeigen, wie mächtig und siegreich Venedig war).

Am gegenüberliegenden Ende des Saals geht es rechts in den ❾ **Abstimmungssaal,** in dem die Wahlen stattfanden. Sie waren sehr umständlich, weil man Wahlbetrug verhindern wollte.

Dogenpalast

Die aufwendigste Wahl war natürlich die zum Dogen. Neun Wahlgänge und Auslosungen waren notwendig, bis die 41 Wahlmänner feststanden, die dann endlich den Dogen wählen durften.

Unter der Decke befinden sich wieder Dogen-Porträts.

Warum sind die letzten 13 Felder freigelassen?

A: Dreimal stürzten Maler bei dem Versuch, ein neues Porträt anzubringen, vom Gerüst. Danach wollte niemand mehr weitermalen.

B: Der letzte dargestellte Doge wurde von Napoleon abgesetzt. Seitdem gibt es keine Dogen mehr, und deshalb blieben die restlichen Felder leer.

C: Man hat nach dem Tod des letzten abgebildeten Dogen ganz einfach vergessen, dort oben weiterzumalen.

Geh zurück in den Saal des Großen Rates und dort durch die kleine Tür auf der linken Seite. Der Weg führt dich über die berühmte **Seufzerbrücke** in den Nachbarpalast, in dem das **Gefängnis** untergebracht ist.

Ursprünglich befand sich das Gefängnis im Dogenpalast (durch den Teil, der später zur Waffenkammer umgebaut wurde, bist du ja schon gegangen). Doch im Lauf der Zeit wurde der Platz zu knapp, außerdem waren die hygienischen Verhältnisse katastrophal und der Gestank drang bis in die Regierungsräume. Deshalb errichtete man ein neues Gefängnis außerhalb des Dogenpalastes.

Im Palast gab es dann nur noch zwei Gefängnis-Bereiche: die „Pozzi" (das bedeutet „Brunnen") im Erdgeschoss, die dunkel und feucht waren und in denen oft das Wasser stand (daher der Name), und die „Bleikammern", deren Dach aus Blei war und sich im Sommer so stark erhitzte, dass es dort unerträglich heiß wurde.

Übrigens

Dem Venezianer Giacomo **Casanova** gelang im Jahr 1756 die Flucht aus den Bleikammern: Er bohrte ein Loch in die Decke seiner Zelle, floh über das Dach in den Hof des Dogenpalastes und spazierte dann einfach aus dem Palast!

Dogenpalast

Dagegen war das neue Gefängnis eine deutliche Verbesserung: Die Zellen waren größer und heller, viele waren mit Holz verkleidet. So waren die Gefangenen vor dem kalten Mauerwerk und der Feuchtigkeit geschützt.

Im Jahr 1885 wurde dann eine Wasserleitung vom Festland nach Venedig verlegt. Die Brunnen wurden in der Folge immer weniger genutzt und sind heute nicht mehr in Betrieb.

Wenn du den Dogenpalast durch die Porta della Carta verlassen hast, dann sieh dir die Fassade noch einmal genau an.

Findest du die beiden rötlichen Säulen?

Zwischen ihnen wurden früher die Todesurteile verkündet, und der Sage nach färbten sich die Säulen vom Blut der Hingerichteten rot.

Der Weg führt dich über die Seufzerbrücke zurück in den Dogenpalast und schließt mit einigen Regierungsräumen ab.

Entdeckst du auch die Darstellung von Venedig als Gerechtigkeit?

Wenn du wieder im Hof bist, dann wirf einen Blick auf die beiden Brunnen. Sie gelten als die schönsten von ganz Venedig – und das will etwas heißen, denn in Venedig gibt es mehr als 6.000 Brunnen!

Warum gibt es so viele Brunnen?
Ganz einfach: Das Wasser der Lagune ist ja salzig – man kann es also nicht trinken. Deshalb mussten die Venezianer Brunnen bauen, um die Stadt mit Trinkwasser zu versorgen. Unter den Brunnen befinden sich große Becken, in denen das Regenwasser gesammelt wurde.

Dass die Frau Venedig darstellen soll, erkennst du daran, dass sie über den Wellen auf dem Löwenthron sitzt. Und das Schwert in ihrer Hand ist das Symbol der Gerechtigkeit.

Dogenpalast

Dann sieh dir noch die vier Figuren an der Ecke zur Markuskirche an. Das sind die sogenannten **Tetrarchen,** vier römische Kaiser. Eine alte Sage erzählt allerdings, dass die vier Figuren Diebe waren, die in die Schatzkammer der Markuskirche einbrechen wollten und dabei zu Stein wurden.

ICH HAB EUCH GESAGT, DASS DAS SCHIEFGEHT!

Wenn du auf der Lagunenseite am Dogenpalast vorbeigehst, kannst du dir zum Abschluss die **Seufzerbrücke** von außen ansehen.

In der Nähe

Wenn du die Riva degli Schiavoni weitergehst und links durch den Sotoportego S. Zaccaria gehst, kommst du zur ❶ **Kirche San Zaccaria,** deren Krypta meist unter Wasser steht (→ S. 56).

Zurück auf der Riva degli Schiavoni siehst du beim nächsten Kanal, dem Rio del Greci, den ziemlich schiefen ❷ **Kirchturm von San Giorgio dei Greci.**

Drei Kanäle weiter, am Rio de l'Arsenal, befindet sich das ❸ **Arsenal,** Venedigs Schiffswerft (→ S. 52).

Und wenn du die Uferstraße noch ein Stück weitergehst, kommst du zu den beiden Parks ❺ **Giardini Pubblici** und ❻ **Parco delle Rimembranze** (→ S. 61).

Übrigens

Angeblich hat sie ihren Namen bekommen, weil die Verurteilten noch einmal tief seufzten, wenn sie auf ihrem Weg ins Gefängnis einen letzten Blick auf Venedig werfen konnten.

Ende

Rialto

Rialto ist der **älteste Stadtteil** von Venedig. Hier war das **Geschäftszentrum** der Stadt. Handelshäuser, Banken und Versicherungen hatten hier ihre Büros, Handwerker boten ihre Waren an, und der berühmte Rialto-Markt findet bis heute statt.
Wo Geld fließt, möchte der Staat mitverdienen – logisch, dass auch das Finanzamt und das Zollamt ihren Sitz in Rialto hatten.

Die **Rialtobrücke** ist die berühmteste Brücke über den Canal Grande – und auch die älteste: Bis vor 150 Jahren (seit damals gibt es die Accademiabrücke) war sie die einzige Möglichkeit, zu Fuß über den Canal Grande zu kommen. Ursprünglich war sie aus Holz, aber später wurde sie aus Stein neu gebaut. Damit sie stabil steht, wurden unter jedem Brückenende 6.000 Baumstämme in den Boden gerammt (→ S. 18).

Auf der rechten Seite siehst du einen Ausschnitt aus dem Bild **Das Wunder der Kreuzreliquie an der Rialtobrücke** von **Vittore Carpaccio.**
Carpaccio hat das Bild zu einer Zeit gemalt, als die Rialtobrücke noch aus Holz war. Du siehst, dass sie damals in der Mitte geöffnet werden konnte, um große Schiffe durchzulassen.

Ponte di Rialto (San Polo)
Rialto, Rialto Mercato

Entdeckst du die Bildausschnitte?

Und geschäftstüchtig, wie Venedig war, ließ man direkt auf die Brücke Geschäfte bauen. So hatte die Stadt durch die Mieten eine zusätzliche Einnahmequelle.

Rialto

Du findest das Bild im **Accademia-Museum** (→ S. 16), Saal 20.

Arsenal

Campo de l'Arsenal (Castello)
Arsenale

Das Wort „Arsenale" kommt aus dem Arabischen und bedeutet „Fabrikhaus". Und so schnell wie in einer Fabrik wurde hier auch gearbeitet: In Kriegszeiten konnte im Arsenal eine Galeere pro Tag gebaut werden!

Als der französische König Henri III. nach Venedig kam, führte man ihn zuerst durch das Arsenal und baute dann eine Galeere für ihn – in der Zeit, die er beim Festessen verbrachte! (Das war natürlich auch ein Hinweis darauf, wie schnell Venedig bei einem Angriff reagieren konnte.)

Das Arsenal war früher die Schiffswerft von Venedig, und nicht nur das: Es war **die größte Schiffswerft der Welt!** Hier wurden die Kriegs- und Handelsschiffe gebaut.

Die Arbeit war perfekt organisiert. Es gab viele verschiedene Werkstätten, zum Beispiel für den Bau des Schiffsrumpfes, das Kalfatern (das ist das Abdichten des Schiffes), das Nähen der Segel, das Drehen der Seile, die Herstellung der Ruder und das Gießen der Anker. Auch mit Waffen und Proviant wurden die Schiffe im Arsenal ausgerüstet. Für diese Arbeiten brauchte man sehr viele, gut ausgebildete Handwerker. Zeitweise waren im Arsenal 16.000 Arbeiter beschäftigt, die sogenannten „Arsenalotti".

Als Napoleon Venedig eroberte, ließ er das Arsenal zerstören um zu zeigen, dass Venedigs Macht für immer vorbei war.

Leider kannst du das Arsenal nicht besichtigen. Es ist gesperrt, weil es ein italienischer Marine-Stützpunkt ist. Auch früher war hier alles geheim. Aus Angst, dass Spione das Arsenal auskundschaften und die Geheimnisse des venezianischen Schiffsbaus verraten könnten, bauten die Venezianer rundherum die hohe Mauer, die dir jetzt die Sicht verstellt.

Arsenal

Die Löwen vor dem Eingang des Arsenals sind als Kriegsbeute nach Venedig gekommen. Schau dir den Löwen links vor dem Eingang genauer an. Er stammt aus Griechenland und hat schon Bekanntschaft mit den Wikingern gemacht! Vor fast 1000 Jahren kamen sie von Schweden nach Griechenland und ritzten ihre Schriftzeichen (Runen) in den Löwen. (Die Runen sind aber nur schwer zu erkennen.)

Der Löwe über dem Eingang schaut grimmig drein, und das Buch in seiner Tatze ist geschlossen: Ein Hinweis darauf, dass Venedig stets zum Krieg bereit war.

Wenn du dich für Schiffe interessierst, kannst du dir schräg gegenüber das **Schiffsmuseum** (Museo Storico Navale) ansehen.

- ✉ Riva S. Biasio (Castello)
- 🚤 Arsenale
- 🕐 Jan–März 10.00–17.00 Uhr
  Apr–Okt   10.00–18.00 Uhr
  Nov–Dez 10.00–17.00 Uhr
  Kassaschluss eine Stunde vor Schließung.
- € Eintritt
- 💻 www.veneziaunica.it
- ☎ 0039 041 2424

Findest du die zehn Schiffe, die im Arsenal doppelt vorkommen?

Ghetto

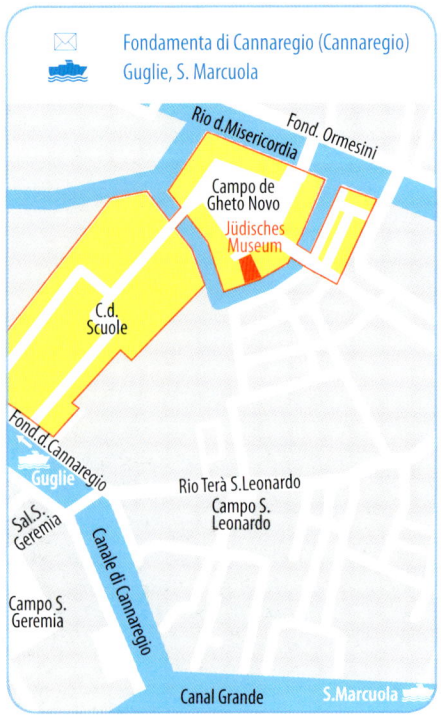

Dann wurden die Ausgänge verschlossen, damit niemand in der Nacht das Ghetto verlassen konnte.

Auch sonst gab es **viele Beschränkungen** für die jüdische Bevölkerung: So durften Juden nur in bestimmten Berufen arbeiten, zum Beispiel als Arzt, Händler oder Geldverleiher.

280 Jahre lang mussten Venedigs Juden im Ghetto wohnen. Erst **Napoleon ließ die Tore zum Ghetto abreißen.**

Über das Ghetto

Am Ende des Mittelalters wurden Juden wegen ihrer Religion oft verfolgt. Einige flohen nach Venedig. Als es auch hier zu Spannungen kam, beschloss die Regierung im Jahr 1516, dass **alle Juden in ein Gebiet** im Stadtteil Cannaregio ziehen mussten. Dieses Gebiet, das „Ghetto", war von Kanälen begrenzt und **ließ sich leicht bewachen.**

Tagsüber durften die Juden das Ghetto verlassen, doch sie mussten Kennzeichen tragen, an denen sie als Juden zu erkennen waren. Am Abend mussten sie ins Ghetto zurückkehren.

Übrigens

Bevor die Juden ins Ghetto zogen, wurden hier die Kanonen für die venezianischen Schiffe gegossen. „Gießerei" heißt auf Italienisch „geto", und die Forscher nehmen an, dass sich daraus das Wort „Ghetto" entwickelt hat.
Dieser Ausdruck wurde später von anderen Städten übernommen und bezeichnet Stadtteile, in denen die jüdische Bevölkerung leben musste.

Ghetto

Es geht los!
Die kurze Tour beginnt bei der Fondamenta di Cannaregio. Beim Durchgang zum Ghetto, dem Sotoportego de Gheto (darüber hängt ein gelber Wegweiser mit hebräischen Schriftzeichen und der Aufschrift „Sinagoghe"), kannst du an den Vertiefungen auf der Seite erkennen, wo das Tor früher geschlossen wurde.

Auf dem Campo de Gheto Novo befinden sich **drei weitere Synagogen**.

Entdeckst du sie?

Die Gasse dahinter führt zum Campiello delle Scuole. Hier befinden sich **zwei Synagogen** (so heißen die jüdischen Gotteshäuser) und ein **Haus mit acht Stockwerken:** Weil der Platz im Ghetto knapp war, wurden die Häuser immer höher gebaut, und so findest du hier die höchsten Häuser Venedigs – die Venezianer nennen sie „Wolkenkratzer".

Bis jetzt warst du im **Ghetto Vecchio,** das bedeutet „Altes Ghetto". Geh die Gasse weiter und über die Brücke. Du kommst ins **Ghetto Novo** („Neues Ghetto"). Wenn du aber glaubst, dass du jetzt im jüngeren Teil des Ghettos bist, dann irrst du dich: Das Neue Ghetto ist älter als das Alte Ghetto!

Wie kann das sein?
Das hat einen ganz einfachen Grund: Die Bezeichnungen „alt" und „neu" haben nicht mit den Juden zu tun, sondern sie beziehen sich auf die Gießereien: Es gab eine ältere und eine jüngere Gießerei.

Wenn du dich für das Ghetto und die Synagogen interessierst und sehr gut Englisch (oder Italienisch) sprichst, kannst du an einer **Führung durch drei Synagogen** teilnehmen – sie wird vom **Jüdischen Museum** (Museo Ebraico) angeboten.

✉ Campo de Gheto Novo (Cannaregio)
🚤 Guglia, S. Marcuola
🕐 Museum:
Jun–Sept   So–Fr 10.00–19.00
Letzter Einlass 18.00 Uhr.
Okt–Mai   So–Fr 10.00–17.30
Letzter Einlass 17.00 Uhr.
Führungen:
Jun–Sept   So–Fr 10.30–17.30 (stündlich)
Okt–Mai   So–Fr 10.30–16.30 (stündlich)
€ Museum und Führungen: Eintritt
🖥 www.museoebraico.it

Übrigens
Vom Campo de Gheto Novo führt eine Brücke ins **Ghetto Novissimo,** das „Neueste Ghetto" – und das ist wirklich der jüngste Teil des Ghettos.

San Zaccaria, Palazzo Contarini del Bovolo

Venedig sinkt! Die Stadt ist im Lauf der Jahrhunderte immer ein bisschen tiefer in den Lagunengrund gesackt. In der **Kirche San Zaccaria** kannst du das auch sehen: Die Krypta (das ist der Keller der Kirche) hat sich so weit gesenkt, dass sie heute die meiste Zeit unter Wasser steht.

Der **Palazzo Contarini del Bovolo** ist wegen seiner hübschen **Wendeltreppe** bekannt. (Er gehörte früher der Familie Contarini, und „Bovolo" ist der venezianische Ausdruck für „Schneckenhaus".)

Übrigens

Die Nonnen von San Zaccaria schenkten dem Dogen jedes Jahr eine neue Dogenmütze, die sie vorher bestickt hatten.

- Corte Contarini del Bovolo (San Marco)
  Der Palast liegt etwas versteckt. Folge am Campo Manin den gelben Wegweisern mit der Aufschrift „Scala Contarini del Bovolo".
- Rialto, S. Angelo

Wenn du über Venedigs Dächer sehen möchtest, kannst du die Treppe hinaufsteigen.
- täglich 10.00–18.00 Uhr, letzter Einlass 30 Minuten vor Schließung
- € Eintritt
- www.gioiellinascostidivenezia.it/en
- 0039 041 3096605

- Campo San Zaccaria (Castello)
- San Zaccaria
- Mo–Sa 10.00–12.00 u. 16.00–18.00 Uhr
  So und Feiertag 16.00–18.00 Uhr
- € Kirche: Eintritt frei, Krypta: Eintritt

Campo San Stefano, Campo Santa Maria Formosa

Auf dem **Campo San Stefano** steht eine Statue, die die Venezianer „Caga libri" nennen.

Weißt du, was das auf Deutsch heißt?

A = ✡ B = 👞 C = ✳ E = ★
H = ☯ I = ✳ R = ▢ S = ➡
ß = ❄ T = 🐍 U = ✂ Z = ☾

👞✂✳☯➡✳☯★✳❄★▢

_ _ _ _ _ _ _ _ _ _ _ _ _ _

Der Mann (das ist übrigens der Schriftsteller Niccolò Tommaseo) hat nämlich einen Stapel Bücher unter seinem Mantel, und da fanden die Venezianer, dass er aussieht wie ein – du weißt schon …

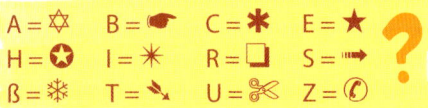

Der **Campo Santa Maria Formosa** ist einer der größten und belebtesten Plätze in Venedig.

Übrigens

Der Legende nach ist die heilige Maria einem venezianischen Bischof im Traum erschienen und hat ihn gebeten, auf diesem Platz eine Kirche zu bauen. Und weil der Bischof erzählte, dass die Muttergottes in seinem Traum sehr „üppig" gewesen sei, bekam die Kirche den Beinamen „Formosa" – das bedeutet „dick".

Geh zum Glockenturm – aber erschrick nicht, wenn dich auf einmal jemand anglotzt.

Wer soll das sein?
A: Ein wegen Diebstahls verurteilter Priester. Zur Strafe wurde er hier verewigt.
B: Solche Fratzen nennt man „Mascaron". Dieser Mascaron soll verhindern, dass der Teufel den Turm hochklettert und die Glocken läutet.
C: Hier hat der Bildhauer einen Spaß gemacht und sich selbst dargestellt.

Campo Santi Giovanni e Paolo

Der **Campo Santi Giovanni e Paolo** ist nach den Heiligen Johannes (Giovanni) und Paulus (Paolo) benannt. Den Venezianern ist das aber zu lang, sie sagen einfach „Zanipolo".

Die **Kirche San Zanipolo** ist die größte Kirche von Venedig – sie ist sogar größer als die Markuskirche! Und sie ist eine der wichtigsten Kirchen der Stadt: 25 Dogen sind hier begraben.

Die Dominikaner, die San Zanipolo bauen ließen, sind ein Bettelorden, das heißt, sie leben in Armut. Deshalb ist die Kirche recht einfach gestaltet. In ihrem Inneren befinden sich aber viele Kunstwerke.

Venedig wollte das Erbe natürlich antreten, aber es war undenkbar, auf dem Markusplatz ein Denkmal Colleonis aufzustellen – nicht einmal Dogendenkmäler stehen dort!
Ein Ausweg war bald gefunden: Es gab eine Bruderschaft (eine Art Verein), die „San Marco" hieß, und vor deren Gebäude, am Campo Zanipolo, wurde Colleonis Denkmal aufgestellt.
Das war ja auch „vor San Marco" – fanden zumindest die Venezianer.

Auf dem Platz siehst du ein **Reiterdenkmal**. Es stellt **Bartolomeo Colleoni** dar, einen venezianischen Heerführer. Er hatte im Laufe seines Lebens ein riesiges Vermögen erbeutet, das er Venedig vererbte – aber nur unter der Bedingung, dass er ein Denkmal „vor San Marco" (also vor der Markuskirche) bekäme.

Übrigens
Es gab kein Bild von Colleoni, und der Bildhauer wusste nicht, wie er ausgesehen hatte. Also stellte er ihn einfach so dar, wie er ihn sich vorstellte!

Santa Maria Gloriosa dei Frari

Das Gebäude der Markus-Bruderschaft gibt es heute noch, es befindet sich links neben der Kirche.

Was ist heute darin untergebracht?

In Venedig ist natürlich auch die **Rettung** mit Schiffen unterwegs: Wenn du links von der ehemaligen Bruderschaft die Fondamenta Mendicanti entlanggehst, siehst du die geparkten Rettungsboote. Die Notaufnahme befindet sich auf der Rückseite des Krankenhauses an den Fondamente Nove – und die Friedhofsinsel San Michele liegt gleich gegenüber (das ist aber nur Zufall).

Zur selben Zeit, als die Dominikaner San Zanipolo errichteten, bauten auch die Franziskaner ihre Kirche: **Santa Maria Gloriosa dei Frari** (kurz: **Frari**).

Beide Kirchen sind im Stil der Gotik gebaut und sehen ähnlich aus. Und weil auch die Franziskaner Bettelmönche sind, verzichteten auch sie auf zu viel Prunk. Aber beide Kirchen sollten riesig werden, und die Venezianer verfolgten während der langen Bauzeit aufmerksam, welche Kirche größer wurde.

Letztendlich gewann San Zanipolo diesen Wettkampf. Dafür konnte die Frari-Kirche auf ihren hohen Glockenturm stolz sein. Gleich nach dem Campanile von San Marco ist er der zweithöchste Kirchturm von Venedig.

Campo Santa Margherita, Campo San Polo

Am **Campo Santa Margherita** ist immer etwas los! Hier gibt es Lokale, Geschäfte und einen Markt. Dass hier schon seit langer Zeit Fisch verkauft wird, siehst du an der alten Tafel auf dem Gebäude in der Mitte des Platzes. Darauf ist notiert, wie groß die angebotenen Fische mindestens sein mussten.

Was war die Mindestgröße für Sardellen und Sardinen?
___ cm

An der Ecke des Platzes steht der Kirchturm der ehemaligen Kirche Santa Margherita – oder besser gesagt: das, was von ihm übrig ist. Wie viele andere Kirchtürme in Venedig ist er im Lauf der Zeit ziemlich schief geworden. Deshalb haben die Venezianer den größten Teil abgetragen.

Der **Campo San Polo** ist einer der größten Plätze in Venedig.
Vor dem gotischen Palast schräg gegenüber der Kirche befand sich früher ein Kanal, der aber zugeschüttet wurde. Du kannst den Verlauf noch an der Markierung am Boden erkennen.

Entdeckst du die zwei Löwen am Glockenturm der Kirche von San Polo?

Ein Löwe hält eine Schlange in der Tatze und der andere einen Kopf. Nach einer Sage soll das der Kopf von Marin Falier sein, dem Dogen, der wegen Hochverrates geköpft wurde (→ S. 46). (Dass die Löwen aber noch vor Faliers Tod gemeisselt wurden, darf man nicht so eng sehen.)

Vier Parks und eine Brücke

Falls du eine Pause brauchst – hier sind vier Parks (mit Spielplatz):

Giardini Pubblici   **Parco delle Rimembranze**

Parco Ca' Savorgnan   **Giardino ex Papadópoli**

Früher hatten die venezianischen Brücken kein Geländer. Man konnte also – vor allem bei Dunkelheit – leicht in den Kanal fallen.

Das kann heute nicht mehr passieren, denn alle Brücken haben ein Geländer bekommen. Alle – mit einer Ausnahme: Wenn du die Strada Nova bis zum Campo S. Felice gehst und dort in die Fondamenta S. Felice einbiegst, kommst du zur **einzigen Brücke in Venedig, die auch heute noch kein Geländer hat.**

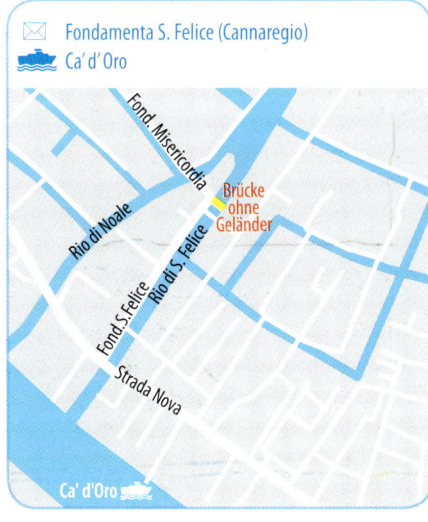

Die Lagune von Venedig

Mit dem Vaporetto kannst du zu den wichtigsten der 34 Lagunen-Inseln fahren. Der Großteil der Inseln ist heute aber unbewohnt.

Da die Lagune an vielen Stellen sehr seicht ist, können vor allem größere Schiffe leicht auf Grund laufen. Damit das nicht passiert, haben die Venezianer lange Holzpfähle in den Boden gerammt, die den Schiffen den Weg zeigen.

Du weißt ja, dass Venedig in einer **Lagune** liegt (→ S. 6). Hier mischen sich das salzige Meerwasser und das Süßwasser der Flüsse vom Festland. Dadurch entstehen sehr gute Lebensbedingungen für Fische und Pflanzen.

Die Lagune von Venedig ist circa 550 km^2 groß, das ist ungefähr so groß wie der Bodensee.

Findest du die Inseln?

E	T	N	E	M	E	L	C	N	A	S	M
E	R	E	A	I	L	G	E	V	O	P	A
L	O	M	A	Z	Z	O	R	B	O	E	L
E	N	B	B	T	O	R	C	E	L	L	O
H	C	G	E	G	B	E	G	S	O	L	S
C	H	I	O	G	G	I	A	N	N	E	I
I	E	D	A	N	U	O	A	N	A	S	F
M	T	E	R	D	D	R	D	D	R	T	A
N	T	F	E	I	U	L	O	B	U	R	C
A	O	C	L	M	M	E	L	T	B	I	C
S	C	H	S	A	N	T	E	L	E	N	A
A	L	O	S	S	E	S	A	C	C	A	S

Burano
Chioggia
Giudecca
Lido
Mazzorbo
Murano
Pellestrina
Poveglia
Sacca Fisola
Sacca Sessola
San Clemente
San Michele
SantElena
Torcello
Tronchetto

San Michele

San Michele ist die **Friedhofsinsel** von Venedig und liegt zwischen Venedig und Murano.
Ursprünglich wurden die Toten in Venedig begraben, doch der Platz in der Stadt wurde knapp, und so wurde der Friedhof auf die Nachbarinsel San Michele verlegt. Weil aber auch der Platz auf San Michele begrenzt ist, dürfen sich hier nur Venezianer begraben lassen. Für „Nicht-Venezianer" gibt es nur dann eine Ausnahme, wenn sie sehr berühmt sind.

🚤 Cimitero
🕐 Apr–Okt   täglich 7.30–18.00 Uhr
   Nov–März   täglich 7.30–16.30 Uhr
€ Eintritt frei

Findest du den Grabstein, der nur einmal vorkommt?

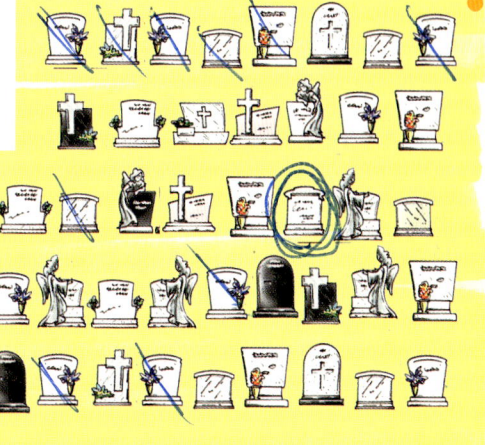

Murano

Venezianisches Glas war weltberühmt, denn niemand konnte so kunstvolles Glas herstellen wie die Venezianer. Die Glasherstellung war ein **streng gehütetes Geheimnis.** Deshalb durften die Glasbläser auch nicht aus Murano wegziehen – wer sich nicht daran hielt, dem drohten schwere Strafen.
Die Glasbläser waren sehr angesehen. Sie durften sogar in die adeligen Familien einheiraten.

 Murano Colonna
Wenn du aussteigst, gehst du am besten rechts die Fondamenta dei Vetrai, die zum Canale Grande di Murano führt. Wenn du die grüne Metallbrücke über den Kanal gehst und dann nach rechts am Ufer entlang, kommst du zum Glasmuseum und zur Kirche Santi Maria e Donato.
Dann geht es wieder zurück zur Fondamenta dei Vetrai, von der die Brücke links zum Campo S. Stefano führt. Geh dann die Fondamenta Daniele Manin entlang, von der links die breite Gasse Bressagio abzweigt. Sie bringt dich zur Vaporettostation Faro, von der du weiterfahren kannst.

In einigen Glaswerkstätten kann man gegen Bezahlung bei der Arbeit zusehen – bei **Ai Dogi** (Bressagio 25) geht das kostenlos (der Glasbläser freut sich aber über eine Spende).

Und wie entstehen die Kunstwerke aus Glas?

Der Glasbläser holt mit einem dünnen Metallrohr ein Stück heiße Glasmasse aus dem Ofen. Er bläst vorsichtig durch das andere Ende des Rohres, bis eine Glasblase entsteht. Dann dreht er die Blase und bearbeitet sie und – schwuppdiwupp – ist daraus ein Kunstwerk geworden. Das legt er in einen anderen Ofen, in dem es nicht so heiß ist, denn Glas muss langsam abkühlen, sonst springt es.

Murano ist die **Insel der Glasbläser.** Früher lebten die Glasbläser in Venedig. Weil es aber durch die Glasöfen immer wieder zu Feuersbrünsten kam, wurde bestimmt, dass alle Glaswerkstätten nach Murano übersiedeln mussten.

64

Murano

All diese Souvenirs sind aus Murano-Glas. Findest du die drei Delfine?

Burano

Die Fischerinsel Burano ist für ihre **Spitzenstickerei** und die **bunten Häuser** berühmt – kein Haus hat die Farbe des Nachbarhauses.

Warum sind die Häuser – einer Sage nach – so bunt?

A: Die Tochter eines Dogen, die auf Burano ihren Sommersitz hatte, wünschte sich dies als Geschenk zu ihrer Hochzeit.

B: Durch die bunten Häuser sollten die Fischer auch bei dichtem Nebel wieder nach Hause finden.

C: Es gab eine alte Prophezeiung, die besagte, dass Burano versinken würde. Nur wenn die Häuser in 33 verschiedenen Farben gestrichen wären, könnte die Insel vor dem Untergang bewahrt werden.

Hoppla! Hier stehen zwei Häuser mit gleicher Farbe nebeneinander.

 Burano
Geh landeinwärts bis zum Rio Pontinello und dann nach links zur Via Baldassare Galuppi. Sie führt zur Piazza Baldassare Galuppi, dem Hauptplatz von Burano, mit der Kirche San Martino Vescovo und dem Spitzen-Museum (Museo del Merletto). Schau dir den Kirchturm an: Er sieht ganz normal aus. Wenn du aber links um die Kirche herumgehst, siehst du, wie schief er ist! (Fast so schief wie der Schiefe Turm von Pisa!)

Lido

Wenn du Lust hast schwimmen zu gehen, bist du hier richtig: Der Lido di Venezia ist der **Badestrand von Venedig.** Vor hundert Jahren war er der eleganteste Badeort in ganz Europa.

Die großen Hotels stammen aus dieser Zeit. Das Hotel Excelsior war, als es gebaut wurde, das größte Hotel auf der ganzen Welt!

Übrigens

Überall auf der Welt gibt es Strände, die „Lido" heißen: Sie alle haben ihren Namen vom Lido von Venedig übernommen!

 Lido (Santa Maria Elisabetta)
Wenn du landeinwärts die Gran Viale Santa Maria Elisabetta gehst, kommst du nach circa 10–15 Minuten zum Meer, zum kostenlosen Strand BlueMoon.

1. Lido Casinò
2. Lido S.Nicolò
3. Lido S.Nicolò Ferry-Boat

Welche Muschel gibt es nur einmal?

67

Findest du die sechs Unterschiede im Spiegelbild des Dogen Francesco Foscari?

Du findest das Bild im **Correr-Museum,** dem Stadtmuseum von Venedig, das sich im Napoleonischen Trakt auf dem Markusplatz (→ Plan S. 40) befindet.

⏱	Apr–Okt	täglich 10.00–19.00 Uhr, letzter Einlass 18.00 Uhr
	Nov–März	täglich 10.00–17.00 Uhr, letzter Einlass 16.00 Uhr
€	Eintritt: Wenn du schon im Dogenpalast warst oder noch dorthin gehen möchtest, musst du keinen zusätzlichen Eintritt bezahlen: Das Ticket gilt für beide Museen.	
🖥	www.correr.visitmuve.it	
☎	0039 041 2405211	

Dies und das

Das schlimmste **Hochwasser** erlebte Venedig am 4. November **1966**. Damals stand der Markusplatz, der der tiefstgelegene Punkt Venedigs ist, 114 cm unter Wasser!

Zweimal in Venedigs Geschichte konnte man zu Fuß vom Festland nach Venedig gehen – ohne die Brücke zu benutzen! In den Jahren **1708** und **1929** war die **Lagune** nämlich **zugefroren.**

Venedig hat **keine Abwasserkanäle!** Theoretisch sollten alle Häuser Abwassertanks haben und theoretisch sollten diese regelmäßig ausgepumpt werden, aber ...
Kannst du dir vorstellen, was das bedeutet? – Vom Schwimmen in den Kanälen ist jedenfalls abzuraten!

Falls du glaubst, dass es nirgendwo so viele **Brücken** gibt wie in Venedig, dann irrst du dich. Und zwar gewaltig! Venedig ist auf seine 416 Brücken stolz, Hamburg hat aber mehr als sechsmal so viele, Amsterdam circa dreimal so viele und London noch immer doppelt so viele.

Venezianische Briefträger haben's ganz schön schwer! Die venezianischen Adressen bestehen nämlich nicht, wie wir das kennen, aus Straßennamen und Hausnummern (also zum Beispiel „Hauptstraße 23"), sondern **in jedem Stadtteil sind alle Häuser durchnummeriert.**
Der Briefträger muss also wissen, wo sich zum Beispiel „San Marco 2098" oder „Castello 6828" befindet.

Eine der auffälligsten Persönlichkeiten in Venedig war die Amerikanerin **Peggy Guggenheim**. Sie sammelte Kunstwerke – manchmal auch die Künstler dazu …
Und sie hatte 14 Hunde. Die sind im Garten ihres Palastes am Canal Grande (→ S. 27) begraben – direkt neben Peggy.

In Venedig gibt es sogar ein **Fußballstadion!** Es befindet sich am südöstlichen Zipfel der Stadt, auf der Insel Sant'Elena, und ist die Heimspielstätte des Fußballvereins FC Venedig.

Venedig stirbt aus. Na ja, ganz so schlimm ist es noch nicht, aber jedes Jahr sterben circa doppelt so viele Venezianer wie geboren werden.

Feste in Venedig

6. Januar: Regatta della Befana
Die „Befana" ist eine gute Hexe, die den italienischen Kindern Süßigkeiten bringt. An diesem Tag veranstalten die Venezianer eine Boots-Regatta auf dem Canal Grande, bei der sich die Ruderer als Hexen verkleiden.

Die letzten zehn Tage vor Aschermittwoch: Karneval von Venedig
Der Karneval hat in Venedig eine lange Tradition. Man feiert ausgelassen in prächtigen Kostümen. Die bekanntesten Verkleidungen sind der Harlekin (das ist der italienische Kasperl) und der Pestdoktor (eine weiße Maske mit langem Vogelschnabel).

Übrigens
Das Kostüm des Pestdoktors hat einen ernsten Hintergrund: Ein Arzt erfand es, als in Venedig wieder einmal die Pest ausgebrochen war. Er hoffte, dass er sich so nicht bei seinen Patienten anstecken würde. In den Schnabel gab er Knoblauch, der den Geruch der Kranken überdecken sollte. Dazu trug er einen schwarzen Hut.

Der Karneval endet am Faschingsdienstag mit einer Boots-Prozession auf dem Canal Grande und einem großen Fest auf dem Markusplatz.

Übrigens
Als Napoleon Venedig eroberte, ließ er den Karneval verbieten. Erst im Jahr 1980 wurde er wieder eingeführt.

Wie kam es dazu?
A: Man versprach sich davon einen Aufschwung für den Tourismus.
B: Die Venezianer wollten nicht länger aufs Festland fahren, um zu feiern. Die Wiedereinführung des Karnevals war ein Wahlversprechen der damaligen Regierung.
C: Eine Bürgerinitiative wollte die alte Tradition wiederbeleben.

Feste

25. April: **Fest des heiligen Markus**
Das Fest beginnt mit einer Prozession auf dem Markusplatz und einem Gottesdienst in der Markuskirche. Am Nachmittag findet eine Regatta auf dem Canal Grande statt, und am Abend gibt es ein Fest auf dem Markusplatz.

Im Mai, am Sonntag nach Christi Himmelfahrt: **Hochzeit des Dogen mit dem Meer**
Die Hochzeit des Dogen mit dem Meer soll zeigen, wie wichtig das Meer für Venedig war. Früher fuhr der Doge zum Lido, heute ist es der Bürgermeister von Venedig. Er wirft einen Ring in die Lagune und sagt dabei: „Wir vermählen uns mit dir, oh Meer, zum Zeichen der ewigen Herrschaft."

Im Mai, am Sonntag nach dem Hochzeitsfest: **Vogalonga**
Vogalonga bedeutet „Langes Rudern", und die Boote rudern wirklich lang: 32 Kilometer, vom Markusplatz nach Burano und wieder zurück.

Dritter Sonntag im Juli: **Festa del Redentore**
Die Festa del Redentore erinnert an das Ende einer Pestepidemie in Venedig. Bereits am Vorabend fahren geschmückte Boote zum Giudecca-Kanal, um dort bis zum Feuerwerk um Mitternacht zu feiern. Am Sonntag zieht eine feierliche Prozession über eine extra aus Booten gebaute Brücke von Dorsoduro auf die Insel Giudecca, wo in der Redentore-Kirche eine Messe gefeiert wird.

Erster Sonntag im September: **Regata Storica**
Die „Historische Regatta" beginnt mit einer Fahrt historischer Boote auf dem Canal Grande. Danach finden mehrere Bootsrennen statt.

21. November: **Festa della Madonna della Salute**
Auch die Festa della Madonna della Salute wird zur Erinnerung an das Ende einer Pestepidemie gefeiert. Eine Prozession zieht auf der extra dafür gebauten Boots-Brücke über den Canal Grande zur Salute-Kirche, wo eine Messe gefeiert wird.

Witze

„Hast du den Motorboot-Führerschein geschafft?", fragt Antonio seinen Freund Fernando.
„Nein, der blöde Prüfer hat mich durchfallen lassen."
„Hoffentlich hast du beim nächsten Mal einen anderen Prüfer."
„Sicher, meiner liegt noch acht Wochen im Krankenhaus."

Zweiter Versuch: „Wie war's?", fragt Antonio.
„Nicht so toll. Ich habe drei Gondeln und ein Vaporetto gerammt."
„Dann bist du wieder durchgefallen?"
„Weiß ich noch nicht. Der Prüfer ist noch nicht aus der Narkose aufgewacht."

Angelo und Luca brüllen zu Macheronis in den dritten Stock hinauf: „Signora Macheroni! Darf Marco runterkommen und mit uns spielen?"
„Nein, bei dem scheußlichen Wetter nicht."
Kurze Pause. Dann ruft Luca: „Signora Macheroni, darf wenigstens sein Fußball runterkommen?"

Sophia erzählt: „Ich habe mir eine Gondel gekauft und dafür mein Schlagzeug als Anzahlung gegeben."
Francesco wundert sich: „Das geht?"
„Ja, weißt du, der Gondelbauer wohnt in der Wohnung unter mir."

„Papa", sagt Riccardo. „Ich habe mir gestern Abend dein Motorboot ausgeliehen. Soll ich dir erzählen, wie es war, oder willst du es morgen in der Zeitung lesen?"

„Warum ist denn da unten so ein Krach?"
„Ein Motorboot wollte in den Seitenkanal einbiegen."
„Aber da ist doch gar kein Seitenkanal!"
„Eben."

„Das geht doch nicht!", schimpft der Gast. „Sie können doch nicht meine Pizza mit dem Daumen auf dem Teller festhalten." – „Möchten Sie, dass sie mir zum dritten Mal auf den Boden fällt?"

Lea übernachtet in einem Hotel, das in einem alten Palazzo untergebracht ist. In der Nacht muss sie aufs Klo, das am Gang ist. Da kommt ihr ein alter Mann entgegen.
Ängstlich fragt Lea: „Gibt es hier Gespenster?"
„Aber nein", antwortet der Alte, „das wüsste ich. Ich lebe hier schon seit 500 Jahren."

Witze

Enrico angelt am Canal Grande. Ein Carabinieri kommt und sagt streng: „Sie angeln hier. Das macht zehn Euro Strafe!"
„Ich angle ja gar nicht, ich bade nur meine Würmer."
„Dann kostet es 20 Euro. Baden ist hier erst recht verboten!"

Carlo und Anna angeln am Canale della Giudecca.
„Ich hab was!", ruft Anna und zieht einen Schuh aus dem Kanal. Kurz darauf macht Carlo einen Fang: einen Topf. Ein paar Minuten später hat Anna eine Hose am Haken. Als sie dann auch noch einen Schlüsselbund hochzieht, ruft Carlo: „Los, lass uns abhauen, da unten wohnt einer!"

Es ist Herbst. Die Äpfel im Pfarrgarten von San Erasmo sind reif. Der Pfarrer hängt vorsichtshalber einen Zettel auf den Baum: „Gott sieht alles!"
Am nächsten Tag ist der Baum leer. Und auf den Zettel hat jemand geschrieben: „Aber er petzt nicht!"

Ein Gast beschwert sich: „Padrone! Da ist eine Fliege in meinem Kaffee!"
„Ach seien Sie doch nicht so kleinlich", antwortet der Padrone. „Was kann Ihnen so ein kleines Tier schon wegtrinken."

Francesco und Pietro wollen mit dem Vaporetto nach Burano fahren. Als sie zur Station kommen, ist das Vaporetto schon weg.
„Wenn du nicht so langsam gewesen wärst", schimpft Francesco, „dann hätten wir das Vaporetto noch erreicht."
„Und wenn du nicht so gerannt wärst", antwortet Pietro, „dann müssten wir jetzt nicht so lange aufs nächste warten."

Familie Müller besichtigt die Ca' Pesaro. Nach einer Stunde ist Lukas erschöpft und lässt sich auf einen Stuhl fallen.
Da stürmt ein Museumswärter heran: „Das ist der Lieblingsstuhl des Dogen Giovanni Pesaro!", ermahnt er ihn.
„Okay, okay", antwortet Lukas, „wenn er kommt, stehe ich sofort auf."

Findest du die 35 Möwen, die sich im Buch versteckt haben?

Außerdem haben sich versteckt:

- ☐ ein Mann am Klavier
- ☐ Gondeln mit Dach
- ☐ ein Mädchen mit hellblauem Kleid
- ☐ ein Pinsel
- ☐ noch ein Pinsel
- ☐ ein vierblättriges Kleeblatt
- ☐ ein verstecktes Haus
- ☐ ein kleiner weißer Hund
- ☐ ein Rettungsreifen
- ☐ ein rot-weiß gemusterter Vorhang
- ☐ ein hellgrüner Eimer
- ☐ ein Besen
- ☐ eine Maus
- ☐ ein Mann mit einer Angelrute
- ☐ eine rosa Kaffekanne
- ☐ eine Schaufel
- ☐ ein Kamel
- ☐ eine Suppenschüssel
- ☐ ein fünfarmiger Kerzenleuchter

Ein bisschen Italienisch

C wird wie **k** ausgesprochen, außer vor **e** und **i**. Dann klingt es wie **tsch**. Casa (Haus) wird also „kasa" ausgesprochen und cinque (fünf) „tschinkwe".
G wird wie **g** ausgesprochen, außer vor **e** und **i**. Dann klingt es wie **dsch:** gelato (Eis) = „dschelato".
Gn wird wie **nj** ausgesprochen: bagno (WC) = „banjo".
Ch wird wie **k** ausgesprochen: chiesa (Kirche) = „kjesa".

Das Wichtigste

Guten Tag!	Buon giorno!
Guten Abend!	Buona sera!
Auf Wiedersehen!	Arrivederci!
Hallo! Tschüs!	Ciao!
ja	si
nein	no
bitte	per favore
danke	grazie
Entschuldigung	scusi

Zahlen

0	zero		6	sei
1	uno		7	sette
2	due		8	otto
3	tre		9	nove
4	quattro		10	dieci
5	cinque		100	cento
			1000	mille

Dies und das

Ich möchte …	Vorrei …
Wieviel kostet das?	Quanto costa?
Bitte, wo ist …?	Scusi, dov'è …?
Museum	museo
Kirche	chiesa
Hotel	albergo
Haltestelle	fermata
Achtung!	Attenzione!
Hilfe!	Aiuto!
heute	oggi
gestern	ieri
morgen	domani
offen	aperto
geschlossen	chiuso
groß	grande
klein	piccolo

CIAO!

Damit du nicht verhungerst

essen	mangiare
trinken	bere
Eis	gelato
eine Kugel (Eis)	una pallina
Brot	pane
Semmel/Brötchen	panino
Nudeln	pasta
Pommes frites	patatine fritte
Wasser	acqua
Mineralwasser	acqua minerale
mit Kohlensäure	con gas
ohne Kohlensäure	senza gas
Milch	latte
Fruchtsaft	succo di frutta
Teller	piatto
Glas	bicchiere
heiß	caldo
kalt	freddo

Venedig-Quiz

Wenn du die richtigen Buchstaben an der vorgesehenen Stelle einsetzt, erhältst du den Lösungssatz.

Füge die Stadtteile ein.

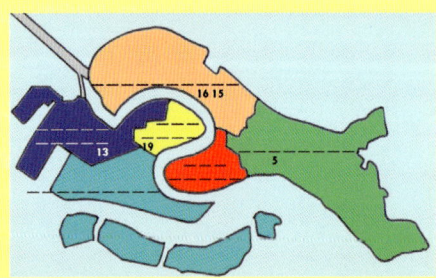

Aus wie vielen Inseln besteht Venedig?
11 .... U
118 .... N
1.888 .... O

9

Wie viele Venezianer leben in Venedig?
5.300.000 .... D
530.000 .... U
53.000 .... E

23

Welches Gebiet wurde zuerst besiedelt?
Rialto .... B
Murano .... A
San Marco .... U

3

Wie viele Touristen besuchen jedes Jahr Venedig?
220 Millionen .... T
2,2 Millionen .... R
22 Millionen .... E

7

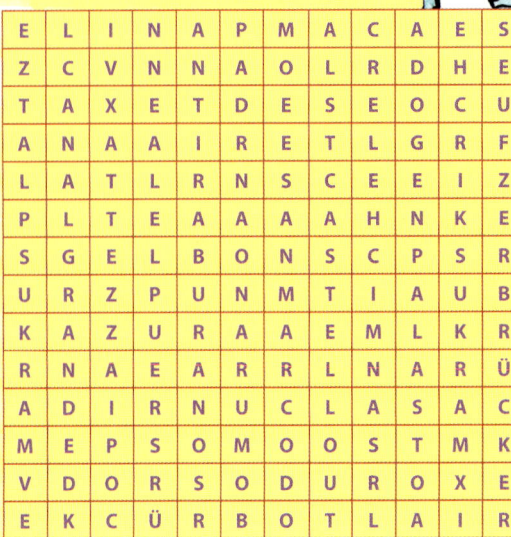

Im Buchstabengitter haben sich 16 Sehenswürdigkeiten und Orte versteckt. Streiche die Kästchen der gesuchten Begriffe durch. Schreibe dann den Buchstaben des ersten Kästchens, das frei bleibt, an Stelle **10** des Lösungssatzes und den des letzten freien Kästchens an Stelle **18**.

Quiz

Wie hieß das Oberhaupt von Venedig?
Rat .... W
Doge I
Tetrarch .... E

4

Was ist das Symbol des hl. Markus?
Fisch .... H
Taube .... A
Löwe I

8

Wodurch wurde Venedig so reich?
Kriege .... A
Handel .... R
Erbschaften .... M

21

Wer war der berühmteste venezianische Kaufmann?
Giovanni Pesaro .... W
Marco Polo .... E
Marin Falier .... R

17

Was war das Arsenal?
Friedhof .... B
Zollamt .... A
Schiffswerft .... D

1

Wo befindet sich der Friedhof?
Burano .... T
Lido .... O
San Michele .... D

14

Wo lebten die Juden?
Castello .... O
Burano .... R
Ghetto .... T

6

Wer beendete die Republik Venedig?
Kaiser Franz Joseph .... A
Napoleon .... U
Kaiser Wilhelm .... S

2

Zu welchem Land gehörte Venedig dann?
Deutschland .... N
Österreich .... E
Schweiz .... U

11

Welches ist der berühmteste Palast am Canal Grande?
Palazzo Balbi .... A
Ca' Pesaro L
Ca' d'Oro .... T

22

Wie viele Brücken führen über den Canal Grande?
4 .... E
5 L
6 .... F

20

Was ist heute Venedigs größtes Problem?
Hochwasser .... N
Tauben .... O
Taschendiebstahl .... T

12

Lösungssatz:

__ __   __ __ __ __   __ __ __
1 2   3 4 5 6   7 8 9

__ __ __ __ __ __ __ –
10 11 12 13 14 15 16

__ __ __ __ __ __ __ !
17 18 19 20 21 22 23

Lösungen

Seite 4:

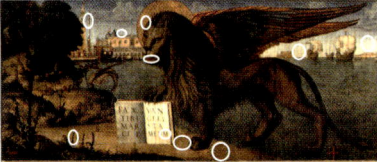

Seite 9:

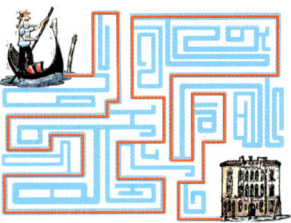

Seite 15:

Seite 16–17:

Seite 19:

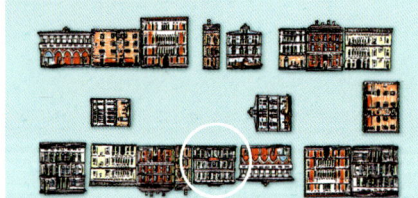

Seite 24–27:

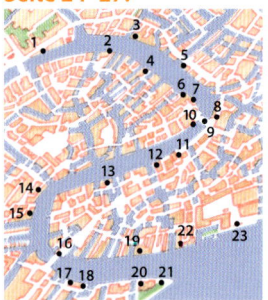

1	Palazzo Flangini	12	Palazzo Grimani
2	Fondaco dei Turchi	13	Palazzo Corner-Spinelli
3	Palazzo Vendramin-Calergi	14	Ca' Foscari
4	Ca' Pesaro	15	Ca' Rezzonico
5	Ca' d'Oro	16	Palazzo Franchetti
6	Fischmarkt	17	Palazzo Barbarigo
7	Fabbriche Nuove	18	Ca' Venier dei Leoni
8	Fondaco dei Tedeschi	19	Palazzo Contarini-Fasan
9	Rialtobrücke	20	Santa Maria della Salute
10	Palast der Steuerbehörde	21	Hauptzollamt
11	Palazzo Loredan	22	Ca' Giustinian
		23	Piazzetta, Markusplatz

Seite 28:

Venez.-Byzantinisch: Ca' Farsetti; *Gotik:* Palazzo Pisani-Moretta; *Renaissance:* Palazzo Contarini dal Zaffo; *Barock:* Ca' Corner de la Regina

Seite 30: Die Uhrzeit wird gleich zweimal angezeigt: Die große Uhr gibt die Stunden an (und zusätzlich noch die Mondphasen und Sternzeichen). Außerdem kannst du die Zeit neben der Marienstatue ablesen: Links von ihr werden die Stunden angezeigt (in römischen Ziffern), rechts von ihr die Minuten (in arabischen Ziffern).

Seite 31:

Lösungen

Seite 33:

4 \ 3 \  \ 2 \ 1

Seite 34: Die Schiffsbauer sind im dritten Relief von links dargestellt, und die Fischer befinden sich gleich über der rechten Säule.

Seite 36: 2486

Seite 38: Antwort B

Seite 39: Antwort C

Seite 41:
- Bei der Beantwortung dieser Frage sind sich nicht einmal die Forscher einig! Jede der drei Antworten könnte die richtige sein.
- Du kannst die Maske eigentlich nicht verfehlen, denn du gehst direkt an ihr vorbei.

Seite 42:
Löwenmaul

Seite 45:
- Die Geheimtür befindet sich auf der rechten Seite der Tribüne.
- Antwort A

Seite 46:
Der Platz für Marin Falier befindet sich gegenüber vom „Paradies", an der 2. Stelle von links.

Seite 47:
Antwort B

Seite 48:

Seite 50–51:

Seite 53:

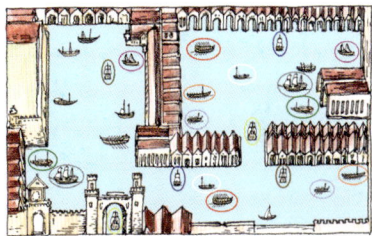

Seite 55: Die drei Synagogen befinden sich nahe beieinander:

Seite 57:
- Buchscheißer
- Antwort B

Seite 59: Krankenhaus

Seite 60:
- 7 cm (Sardelle = Sardella, Sardine = Sardon)
- Der Glockenturm befindet sich nicht direkt auf dem Platz, sondern schräg neben der Kirche in der Salizzada S. Polo. Und die beiden Löwen findest du am Fuß des Glockenturms.

79

Lösungen

Seite 62:

Seite 63:

Seite 65:

Seite 66: Antwort B

Seite 67:

Seite 68:

Seite 70: Antwort A

Seite 74:

- Umschlag Vorderseite, Seite 3, 8, 11, 12, 13, 15 (2), 17, 18, 19 (2), 21, 28, 30, 32, 36, 40, 50, 51, 52, 58, 62, 64, 66, 68, 69, 71, 72, 75, 78, 80, 81 (2), Umschlag Rückseite

Mann am Klavier: S. 19
Gondeln mit Dach: S. 51
Mädchen mit hellblauem Kleid: S. 56
Pinsel: S. 8 und S. 46
vierblättriges Kleeblatt: S. 65
verstecktes Haus: S. 15
kleiner weißer Hund: S. 51
Rettungsreifen: S. 15

rot-weiß gemusterter Vorhang: S. 47
hellgruner Eimer: S. 8
Besen: S. 15
Maus: S. 59
Mann mit Angelrute: S. 10
rosa Kaffekanne: S. 11
Schaufel: S. 73
Kamel: S. 17
Suppenschüssel: S. 52
Kerzenleuchter: S. 12

Seite 76–77:

- 118
- 53.000
- 22 Millionen
- Rialto
- Doge
- Löwe
- Handel
- Marco Polo
- Schiffswerft
- San Michele
- Ghetto
- Napoleon
- Österreich
- Ca' d'Oro
- 4
- Hochwasser

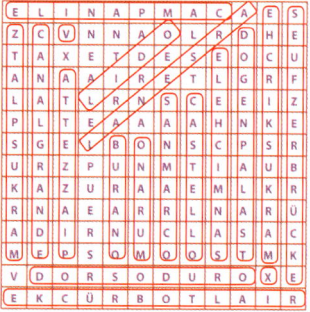

Lösungssatz: Du bist ein Venedigexperte!

Ebenfalls erhältlich

Die Reihe wird fortgesetzt.

Bildnachweis:
Fondazione Musei Civici Venezia, Archivio Fotografico: 4, 15, 44, 47, 68
IMAGNO/Austrian Archives: 17, 31, 51
IMAGNO/Österreichisches Volkshochschularchiv: 38 unten
Wikipedia: 56 oben Mitte
www.fotolia.com: Daniel Miko: Titelseite; janbugno: 22
Alle anderen Fotos: Verlag Lonitzberg

Die Angaben in diesem Buch wurden nach bestem Wissen erstellt und sorgfältig überprüft. Dennoch können sich Fehler eingeschlichen oder Öffnungszeiten u. Ä. geändert haben. Wir bitten, dies zu berücksichtigen.

Für Hinweise und Korrekturen sind wir dankbar: info@lonitzberg.at

Register

Acqua alta 13
Alte Prokuratur 29, 30
Arsenal 11, 49, 52–53

Badestrand 67
Barock 21, 24, 26–28
Baustile 20–21, 24–28
Bellini, Gentile 31
Brücken 6, 12, 23, 25, 49, 50–51, 61, 69
Brunnen 48
Buchscheißer 57
Burano 66, 71
Byzantinisches Reich 10
Byzanz 10, 20

Ca' (Casa) 23
Ca' Corner della Regina 21, 28
Ca'd'Oro 24
Ca' Farsetti 25, 28
Ca' Foscari 26
Ca' Giustinian 27
Ca' Pesaro 24
Ca' Rezzonico 26
Ca' Venier dei Leoni 27
Caffè Florian 30
Campanile 29, 38
Campo San Polo 60
Campo San Stefano 57
Campo San Zanipolo 58–59
Campo Santa Margherita 60
Campo Santa Maria Formosa 57
Campo Santa Maria Gloriosa dei Frari 59
Campo Santi Giovanni e Paolo 58–59
Canal Grande 23–28, 50, 70, 71
Carpaccio, Vittore 4, 50–51
Casanova, Giacomo 47
Colleoni, Bartolomeo 58

Deposito del Megio 24
Doge 8, 10, 12, 24, 26, 29, 30,
  32, 37, 40–47, 56, 58, 60, 68, 71
Dogenpalast 29, 37, 40–49
Dogenwohnung 4, 47–48

Fabbriche Nuove 25
Falier, Marin 46, 60
Feste 12, 29, 31, 70–71
Fischmarkt 24
Fondaco dei Tedeschi 25
Fondaco dei Turchi 20, 24
Frari-Kirche 59
Frau mit Tonschüssel 29, 30
Friedhof 59, 63
Fußballstadion 69

Gefängnis 40, 45, 46, 47, 49
Geheimbriefkasten 41–42, 44, 45
Geheimpolizei 44
Geschichte 10–13
Ghetto 54–55
Glas, venezianisches 64
Glasbläser 64
Gondeln 8–9, 10
Gondelwerft 9
Gotik 20, 24, 26–28, 40
Großer Rat 10, 45–46
Guggenheim, Peggy 27, 69

Handelshaus der Deutschen 25
Handelshaus der Türken 20, 24
Hauptzollamt 27
Hausbau 18
Hausnummern 69
Heiliger Markus 10, 14–17, 29, 32–37, 41,
  43, 46, 71
Heiliger Theodor 14, 39
Hochwasser 13, 37, 69

Italienisch 75

Karneval 29, 70
Konstantinopel 10, 11, 12, 33, 37
Krankenhaus 59

Lagune 6, 62
Lido 67, 71

Markus, heiliger 10, 14–17, 29, 32–37, 41,
  43, 46, 71

Register

Markuskirche 10, 20, 29, 32–37
Markuslöwe 4, 15, 33, 39, 41, 43, 44, 46, 53
Markusplatz 13, 27, 29–31, 38, 58, 70, 71
Mosaik 26, 33, 34, 35, 37
MOSE 13
Murano 64
Museen:
  Accademia-Museum 16–17, 31, 51
  Correr-Museum 29, 40, 68
  Galerie für moderne Kunst 24
  Gallerie Franchetti (Ca' d'Oro) 24
  Glasmuseum 64
  Jüdisches Museum 55
  Markus-Museum 34, 37
  Museum für orientalische Kunst 24
  Naturgeschichtliches Museum 24
  Peggy-Guggenheim-Sammlung 27
  Schiffsmuseum 53
  Spitzen-Museum 66

Napoleon 12, 30, 46, 52, 54, 70
Napoleonischer Trakt 29, 30
Neue Prokuratur 29, 30
Notrufnummer 3

Pala d'Oro 34, 36
Palast der Steuerbehörde 25
Palazzo Barbarigo 26
Palazzo Contarini dal Zaffo 28
Palazzo Contarini del Bovolo 56
Palazzo Contarini-Fasan 27
Palazzo Corner-Spinelli 26
Palayyo Farsetti 25, 28
Palazzo Flangini 24
Palazzo Franchetti 26
Palazzo Grimani 26
Palazzo Loredan 25
Palazzo Manin-Dolfin 21
Palazzo Pisani Moretta 20, 28
Palazzo Vendramin Calergi 24, 26
Paläste 18, 19, 20–21, 23–28, 56
Parks 29, 49, 61
Pest 12, 27, 70, 71
Piazzetta 27, 29, 39
Pferde (Markuskirche) 33, 37

Polo, Marco 11
Porta della Carta 41, 48
Prokuratur 29, 30

Rat der Zehn 44
Redentore-Kirche 71
Renaissance 21, 24–26, 28
Rialtobrücke 23, 25, 50–51
Rialtoviertel 50–51

Salute-Kirche 18, 27, 71
San Giorgio dei Greci 49
San Martino Vescovo 66
San Michele 59, 63
San Polo 60
San Zaccaria 29, 49, 56
San Zanipolo 58–59
Santa Margherita 60
Santa Maria della Salute 18, 27, 71
Santa Maria Formosa 57
Santa Maria Gloriosa dei Frari 59
Santi Giovanni e Paolo 58
Santi Maria e Donato 64
Seufzerbrücke 29, 46, 47, 49
Shakespeare, William 27
Stadtplan 1
Stadtteile 7, 8
Strand 67

Tetrarchen 29, 49
Tintoretto, Jacopo 16-17, 46
Tommaseo, Niccolò 57
Traghetto 9

Uhrturm 29, 30, 31

Vaporetto 9, 23
Vaporetto-Plan 84
Venedig-Plan 1
Venez.-Byzantinischer Stil 20, 24, 25, 28

Wagner, Richard 24

Zollamt 27

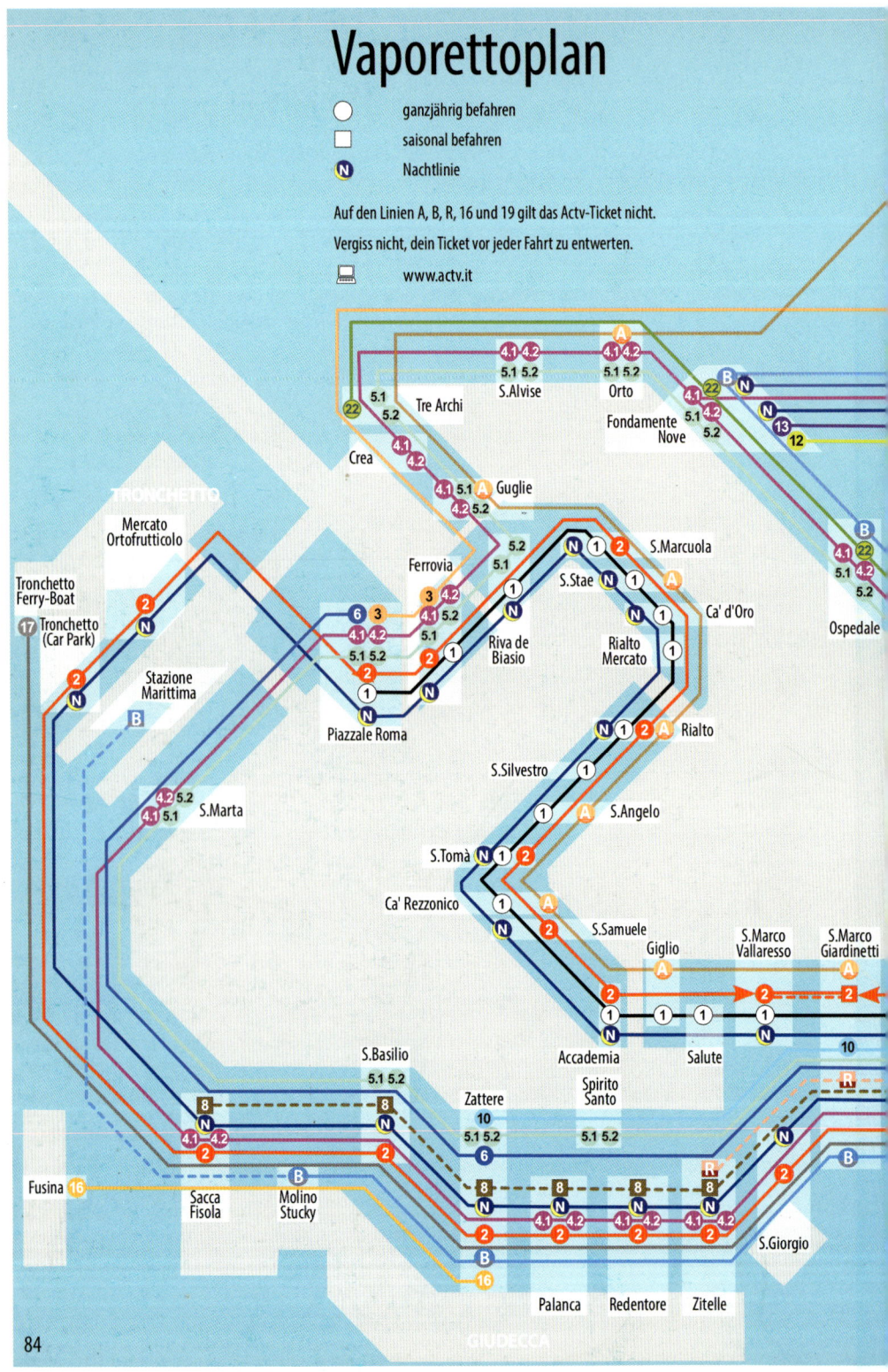